Der Ruhetag. Sinngehalte einer fast vergessenen Gottesgabe

Arbeiten zum Neuen Testament und Judentum (ANTJ)

Herausgegeben von Prof. Dr. Otto Betz

BAND 4

Verlag Peter D. Lang
Frankfurt a.M. • Bern • Cirencester/U.K.

Werner Grimm

DER RUHETAG.

SINNGEHALTE EINER FAST VERGESSENEN GOTTESGABE

Verlag Peter D. Lang
Frankfurt a.M • Bern • Cirencester/U.K.

CIP-Kurztitelaufnahme der Deutschen Bibliothek

Grimm, Werner:

Der Ruhetag: Sinngehalte e. fast vergessenen
Gottesgabe / Werner Grimm. — Frankfurt a.M.,
Bern, Cirencester/U.K.: Lang, 1980.
  (Arbeiten zum Neuen Testament und Judentum;
  Bd. 4)
  ISBN 3-8204-6449-2

ISBN 3-8204-6449-2

© Verlag Peter D. Lang GmbH, Frankfurt am Main 1980

Druck: fotokop Wilhelm Weihert KG, Darmstadt
Titelsatz: Stefan Platen, 6360 Friedberg 3. H. Breynk, 5584 Bullay

OTTO BETZ , dem verehrten Lehrer und Freund

Mit dem Büchlein grüße ich besonders Otto Betz,
Tübingen, Manfred Kuntz, Freudenstadt, und die
treuen Besucher der Bitzfelder Bibelabende über
den Sabbat -
sie alle haben wertvolle Impulse gegeben;
meine Frau half - last not least - in kritischer
Durchsicht des Manuskripts noch etliche Versehen
und Unklarheiten beseitigen.

INHALT

Häufig verwendete Abkürzungen

atl.	=	alttestamentlich
ntl.	=	neutestamentlich
Mt	=	Matthäus(evangelium)
Mk	=	Markus(evangelium)
Lk	=	Lukas(evangelium)
Joh	=	Johannes(evangelium)
LXX	=	Septuaginta, älteste und wichtigste Übersetzung des Alten Testaments ins Griechische
Bill	=	(Strack/)Billerbeck I-IV, Kommentar zum Neuen Testament aus Talmud und Midrasch, München 1922-28 (Neudruck)

Bellum Judaicum = Flavius Josephus, Bellum Judaicum, Die Geschichte des Jüdischen Krieges

Ant	=	Flavius Josephus, Antiquitates, Altertümer
THAT	=	Theologisches Handwörterbuch zum Alten Testament (Jenni/Westermann). Siehe Literaturverzeichnis

Basileia = Königsherrschaft Gottes, Reich Gottes

eschatologisch = die Endzeit, das Endschicksal des einzelnen Menschen bzw. der Welt betreffend

I   EINFÜHRUNG

Unser Sonntag hat zwei biblische Wurzeln, eine des alttesta-
mentlichen Sabbat und eine des Feiertags der Auferstehung
Christi. Sie wieder stärker ins Bewußtsein zu heben, scheint
mir unabdingbare Voraussetzung einer Erneuerung des verdorbenen
Sonntags, mehr noch als gewisse gesellschaftlich zu sichernde
Rahmenbedingungen.
Erstens also räumt der Sonntag die regelmäßige Erinnerung an
das mit der Auferstehung am ersten Tag der Woche vollzogene
Heil Christi ein; zweitens - und davon handelt dieses Buch -
die Möglichkeit zu einer von Gott von Anfang an vorgesehenen
heilsamen Ruhe am letzten Tag einer Arbeitswoche.

Die Absichten dieses Beitrags sind zweifacher Natur:
Einmal, glaube ich, daß unsere Zeit nicht am wenigsten an einem
Sabbatverlust krankt, daß die Gesundung unseres Lebens zuerst
von einer Wiedergewinnung des biblischen Sabbat und einem ent-
sprechenden Lebensrhythmus sowie vom Wieder-Ernstnehmen derje-
nigen Jesus-Traditionen, die zur unmittelbaren ganzheitlichen
Gotteserfahrung anleiten[1], abhängt.[2]
Zum andern sehe ich als Exeget ein unerträgliches Defizit:
Wenige haben bis heute ernsthaft den Versuch gemacht, das Sabbat-
verständnis Jesu in seiner Tiefe auszuloten und in seinem Kern
zu erfassen. Dafür gibt es Gründe: Als Hauptgegenstände der
Evangelienforschung boten sich allein durch die statistische

---

1) z.B. die von mir in O.Betz/W.Grimm, Wesen und Wirklichkeit
   der Wunder Jesu so genannten "Aufleuchtungen" (Weihnachts-
   geschichte Lk.2; Verklärung Jesu; Wunderbarer Seewandel und
   Leeres Grab)
2) Jedenfalls dürfte vorhandene religiöse Sehnsucht hier eine
   überzeugendere Antwort erhalten als von den wohl doch auch als
   Ersatz für den verloren gegangenen Sabbat in Mode gekommenen
   fernöstlichen Meditationsformen und verschiedensten Yogis, Gu-
   rus und Sektenhäuptern. Diese 'Ersatzbefriedigungen' bleiben

1

Häufigkeit entsprechender Begriffe immer wieder die Gottesreichverkündigung Jesu, die Wunder, Passion und Auferstehung sowie
vor allem christologische Fragen an. 'Sabbat' ist innerhalb der
Evangelien scheinbar nur ein beiläufiges Wort, nur sporadisch
unentbehrlicher Bestandteil einer Verkündigungsaussage. Auch das
hat einen leicht einsehbaren Grund: Die nachösterliche Gemeinde
verlagert ihr Interesse selbstverständlich vom letzten auf den
ersten Tag der Woche: auf den Tag der Auferstehung Christi.
Aber damit ist schon angedeutet, daß in Predigt und Wirken Jesu
der Sabbat womöglich einen wesentlich höheren Stellenwert hatte,
als es die Evangelientradition noch erkennen läßt.

---

zudem, anders als der voraussetzungslose Sabbat, esoterischen
Kreisen vorbehalten; nur Eingeweihte und um spezielle Techniken
Wissende stoßen zum religiösen Erlebnis vor. Zudem bleiben
ihre Wahrheit und Wirkmächtigkeit gebunden an der christlich-
abendländischen Lebenswelt fremde Kulturkreise.

II SABBATLICHER LEBENSSTIL

Jesus, der mcssianische Lehrer, hat einen 'sabbatlichen Lebensstil' gepredigt. Das mag sehr modern anmuten, aber es stützt sich
zunächst auf keine geringere Überlieferung als auf die erste Wir-
Bitte des Vaterunsers "Unser tägliches Brot gib uns heute".

1. Die Brotbitte - das sprachliche Problem

Der uns bekannte Wortlaut stammt aus der Matthäus-Version: "Unser
tägliches Brot gib uns heute" (ton arton hēmōn ton epiousion dos
hēmin sēmeron). Bei Lukas lautet die zweite Hälfte: "gib uns Tag
für Tag", genauer: "gib uns, die Ration für einen Tag" (didou to
kath' hēmeran). Viel hängt von der Deutung der beiden Evangelien
gemeinsamen Wendung "artos epiousios" ab, die Luther mit "tägliches Brot" übersetzte. Das Adjektiv "epiousios" kommt im Griechischen, soweit ich sehe, nicht vor[1]. Man hat es von "epi" und
"ousia" hergeleitet und gedeutet als Brot, das zur Existenz beiträgt, (Origenes) oder als "panis supersubstantialis", das alle
irdischen Substanzen übertrifft (Hieronymus). Auch an das Verbum
"epeinai" = "zur Hand sein" wurde gedacht: die zum Leben jeweils
gerade notwendige Menge Brot, vom Überfluß und Armut gleich weit
entfernt (vgl. Spr 3o,8). Schließlich wurde das Verbum "epienai"
als Wurzel angenommen: Das Brot des "auf uns zukommenden Tages"
(tēs epiousas [sc. hēmeras]) wurde entweder als "tägliches Brot"
(panis quotidianus, Hieronymus) oder als "Brot von morgen" (panis
crastinus, Hebräerevangelium von hebr."māhār") verstanden, als
Brot, das uns Gott in seinem Reich geben wird.
Die etymologischen Ableitungsversuche führen zu keinem klaren,
gesicherten Ergebnis. Deutlich ist: Mindestens die Zeitbestimmung

---

1) Ausnahmen: eine fragmentarisch erhaltene hellenistisch-jüdi-
   sche Schrift (2.Jhdt.n.Chr.? Preisigke I, 5224) und drei späte
   Handschriften für 2 Makk 1,8 ("epiousios" als Näherbestimmung
   der Schaubrote).

der lkn. Fassung, das iterativische "to kath' hēmeran" und der
Imperativ des Präsens, meint die an jedem Tag neu gewährte Speise, die in Palästina zur Zeit Jesu vor allem aus Brot bestand.
Sie ist in ihrer Sprachgestalt zwei Kernsätzen der Mannageschich-
te Ex 16 frappierend ähnlich. Das Manna ist das Brot, das <u>Gott</u>
Tag für Tag (als wunderbares Geschenk) zu essen <u>gibt</u> (Ex 16,15.
29), damit man es sammle, und zwar "die Ration für jeweils einen
Tag" (Ex 16,4: d^{e}bar jōm b^e jōmō; LXX to tēs hēmeras eis
hēmeran). Das "d^{e}bar" bzw. "to" (LXX) von Ex 16,4 entspricht dem
"to" der lkn. Wendung "to kath' hēmeran". Der Sinngehalt von
Ex 16,4 wird auch durch die Luther-Übersetzung der Matthäus-
Version: "Unser täglich Brot gib uns heute" getroffen.
Insgesamt kann man sowohl die Matthäus- als auch die Lukas-Ver-
sion der Brotbitte als Versuch verstehen, den Sinngehalt von
Ex 16,4.15.29 sprachlich zu fassen, d.h. die aramäisch oder
hebräisch gesprochene Bitte Jesu im Sinne von Ex 16 ins Griechi-
sche zu übertragen.
 Der Schluß ist unausweichlich: die vierte Vaterunserbitte überführt gleichsam die Quintessenz aus der Mannageschichte in konkrete Glaubenshaltung.

2. Die Brotbitte: Erinnerung an die Mannagabe

Die Jünger Jesu nehmen mit der vierten Bitte Gott bei seinem Ver-
heißungswort "Ihr werdet an Brot satt werden" (Ex 16,12) und "Gott
gibt euch am sechsten Tag Brot für zwei Tage" (Ex 16,29),
und sie üben, vergleichbar mit formelhaften Vor-Sätzen des Autogenen Trainings, ein, was E.Fromm authentisches "Sein" nannte.
Das "Sein" ist eine geglückte Weise zu leben im Gegensatz zum
Modus des "Habens". Nach der Manna-Geschichte verhilft Gott dem
erwählten Volk Israel erstmalig zur Seins-Existenz durch zwei
miteinander gekoppelte Gebote: a) das Sabbat-Gebot, b) das kategorische Verbot, über den Zeitraum von einem Tag hinaus die Lebensmittel zu besorgen.
Jeden Tag, so wird erzählt, läßt Gott frisches "Brot vom Himmel"
fallen. Mose kündet es an mit den Worten: "Man sammle jeweils

4

den täglichen Bedarf" (V.4), "ein jeder, so viel er braucht" (V.16.18.21). Man kann diesen Zug der Erzählung mit einem Prinzip von Karl Marx vergleichen: 'Jedem nach seinen Bedürfnissen'. Die Israeliten sammeln, der eine viel, der andere wenig. Als sie es abmessen, "hat der, der viel gesammelt hat, keinen Überschuß und der, der wenig gesammelt hat, keinen Mangel" (V.17f). Nichts darf bis zum nächsten Tag aufbewahrt werden, wo doch, verdirbt es durch Würmer (V.19f). Am sechsten Tag aber wird ohne Mehranstrengung – wunderbarerweise – die doppelte Menge eingesammelt (V.22). Nun darf das Überschüssige für den nächsten (Sabbat-)Tag aufbewahrt werden, und nun wird es – wunderbarerweise – nicht stinkend (V.24).

An dieser Stelle ist eingefügt eine womöglich sehr alte Fassung des Sabbatgebotes, die einer nomadischen Situation entspricht, in der man Nahrung im wesentlichen einfach 'sammelte': "Sechs Tage sammelt (es), am siebten Tag ist Sabbat. An ihm gibt es nichts!" (V.26)

Sollte am Sabbat jemand einsammeln wollen, so findet er - wunderbarerweise - nichts, wie mit feiner Ironie bemerkt wird (V.27).

Gott entledigt den Menschen seiner übertriebenen Besorgtheit und hält ihn in seiner jeweiligen Gegenwart fest
a) durch die wunderbare und verpflichtende Gabe des Sabbat (V.29). An einem Tag unter sieben muß jegliches 'Be-sorgen des Lebens' und Abdriften in die Sorge verhindert werden zugunsten der reinen Feier des Lebens, des Da-Seins, des Ganz-gegenwärtig-Seins. Rigoros, mit Einsatz seiner Wunderkraft, bricht Gott jeden Widerstand gegen den Sabbat. Vor allem unterstreichen die Wunder den reinen Geschenkcharakter des Sabbat: der Israelit muß sich den Sabbat nicht durch Mehranstrengung an anderer Stelle abverdienen;
b) durch das Gebot, das Vor-Sorgen auf einen überschaubaren Zeitraum einzuschränken, auf einfache Lebensmittelbedarfsdeckung bedacht zu sein und die Sorge im übrigen Gott zu überlassen.

Beides zusammen macht einen 'sabbatlichen Lebensstil' aus, wie ich ihn nennen möchte. Sein idealer Ort: die Wüste. Sie erzieht zu freiem, durch keinen Besitz beschwertem Leben; sie steht symbolisch für eine Existenz ohne feste Heimstatt und gesammelte Reichtümer.

Die wesensmäßige Verwandtschaft von b) mit dem Sabbat geht auch deutlich aus dem Sabbatkodex der Essener hervor. CD 1o,19 betont, nicht dürfe man am Sabbat "über Fragen der Arbeit sprechen oder das Werk, das am nächsten Tag zu tun ist." Damit ist der Sabbat als Tag des Nicht-über-den-Tag-hinaus-Sorgens im Sinne der Mannageschichte (vgl. auch Mt 6,31-34) interpretiert.

Daß sabbatlicher Lebensstil etwas dem Menschen keineswegs selbstverständlich Sinnvolles , Einleuchtendes ,

ohne weiteres Zufallendes ist, signalisieren die Wunder der Mannageschichte. Sie sind notwendig, den Unglauben, schwere Bedenken
und das Zurückblicken nach den Fleischtöpfen Ägyptens zu über-
winden. Nur das rückhaltlose Vertrauen zu Gott und Gottes ganz
offenbare Güte lassen den Menschen darauf verzichten, selber
alles 'machen' und seine Zukunft sichern zu wollen.

"Unser tägliches Brot gib uns heute" ist also die Bitte des
im Sinne von Ex 16 'sabbatlich' lebenden Menschen, der in seiner
Lebensführung etwas aufbewahrt hat von der Existenzweise Israels
in der Wüste. Die Erfahrung Israels mit dem göttlichen Manna ist
für Jesus nicht vergangene Heilsgeschichte, sondern ein Modell-
fall authentischen Seins , je neue Möglichkeit, in der Situation des nahen Gottesreiches sogar leicht greifbare Möglichkeit.
Die Brotbitte erinnert Gott an sein Versprechen, jeweils den täglichen Bedarf, die für einen Tag notwendigen Lebensmittel zu gewähren, und macht es dem Beter sich selbst bewußt. Sie schließt
ein die Bereitschaft, die Güte und Für-Sorge des himmlischen Va-
ters samt dem sichtbarsten und konkretesten Ausdruck dafür, dem
Sabbat, ernst- und anzunehmen: beides gehört von Ex 16 her zusammen. Beides erlöst von Zukunftsangst, die sich selbst ins Maß-
lose steigert, von Habgier, Plansucht und neurotischem Vor-sorgen,
vom Sich-vorweg-Sein der Sorge (M.Heidegger).

3. Jesu Predigt gegen das Sich-vorweg-Sein der Sorge

Die Behauptung eines Zusammenhangs der Brotbitte mit der Mannageschichte stützt sich nicht nur auf die sprachliche Evidenz,
sondern auch auf folgenden Sachverhalt: Matthäus überliefert uns
im selben Kapitel, in dem er das Vaterunser mitteilt, eine Art
Predigt Jesu über die Mannageschichte (6,19-34). Einige Mt 6,19-
34 ähnliche Ausführungen im jüdischen Kommentar Mekhilta zu
Ex 16 lassen dies als zweifelsfrei erscheinen.
Mekh.Ex 16,4 erläutert die Wendung "Brot vom Himmel regnen lassen": "d.i. aus dem guten Schatz der Himmel, wie es heißt: 'Auf-
tun wird der Ewige dir seinen guten Schatz, die Himmel' (Dtn 28,
12)." Eine ähnliche Sprache spricht Mt 6,2of: Man "sammle"

[sc.: auch dies ein Schlüsselwort von Ex 16!] sich "Schätze im
Himmel" und sammle nicht irdische Schätze . R.Eleazar von
Modaim bemerkt zu Ex 16,4: "Wer den Tag erschaffen hat, hat auch
seine Verpflegung erschaffen...Jeder, der hat, was er heute essen soll, und spricht: Was werde ich morgen essen, siehe, dieser
ist kleingläubig." Ebenfalls "kleingläubig" werden die genannt,
die nach Ex 16,27 am siebten Tag sammeln gingen und nichts fanden. Genau diesen Kleinglauben spricht auch Jesus in Mt 6,3o.31
an. An Mt 6,3o-33 erinnert ein Ausspruch R.Simeon ben Jochais
zu Ex 16,4: "Die Tora zu erforschen war nur den Manna-Essenden
gegeben. Wie das? Einer sitzt und forscht und weiß nicht woher
er essen und trinken und woher er sich kleiden und bedecken
soll! Siehe, die Tora zu erforschen war nur den Manna-Essenden
gegeben." Die Tora ist hier im gleichen Sinne die Hauptsache
wie in Mt 6,33 die Gottesherrschaft - auf die Hauptsache konzen-
trieren kann sich, wer vertraut, daß Gott gütig das Übrige, die
tägliche 'Notdurft', dazugibt. Interessant auch Mekh.Ex 16,4.
Der jüdische Kommentar legt Mose und Aaron über den biblischen
Wortlaut hinaus folgende Worte in den Mund: "Während ihr auf euren Lagerstätten schlaft, verpflegt der Heilige...euch", eine
Ankündigung, die mit Mk 4,27 verwandt ist: Der Landmann, der
tagsüber den Samen auswirft, am Abend sich aber ruhig schlafen
legt, der also anders als der Reiche Kornbauer im Rhythmus des
mannaspeisenden Israel lebt und in seiner Arbeit nie das Tages-
maß überschreitet, überläßt Gott das Sorgen - Bild einer
vor-eschatologischen (Seins-)Existenz!
Den Zusammenhang der Predigt Jesu Mt 6,19-34/ Lk 12,13-34 mit
Ex 16 hat man bis heute verkannt. Oft wurden die Sätze Jesus ab-
gesprochen in der Meinung, sie stellten ein Jesus nachträglich
angehängtes Sammelsurium jüdischer Weisheitssprüche dar. Übersehen wurden die klaren Bezugnahmen auf die urgeschichtlichen
Überlieferungen Israels, übersehen auch, daß sie eine Existenz-
möglichkeit in einer offenbaren Heilszeit skizzieren.
Unter Beachtung dieser Vorzeichen darf man feststellen: Jesus
hat das Wahre an der Wüstenexistenz Israels ins Allgemeingültige
überführt. In weisheitlich klingenden Sätzen faßt er den Gehalt
der alten Mannageschichte treffend zusammen, hebt den Menschen

7

aller Zeiten ins Bewußtsein, was sie vor dem lebenvergiftenden
"merimnān" = "Sorgen" schützt:

a) eine realitätsgerechte Einschätzung, wie es um das menschliche
Leben bestellt ist: (negativ) Mit Sorgen verlängert man seine Lebenszeit nicht um eine Elle (Mt 6,27); (positiv) "Das Morgen wird
für sich selber sorgen. Genug, daß jeder Tag seine eigene Plage
hat" (Mt 6,34);

b) der Schöpfer- und Erhaltergott, der die kreatürlichen, von ihm
gesetzten Bedürfnisse des Menschen nicht übersieht: Die Vögel und
Feldpflanzen - geringer als der Mensch - erhalten ihre Lebensmittel zur vollen Lebensentfaltung, ohne daß sie planvoll arbeiten,
horten und in "Scheunen sammeln" (Mt 6,26.28-3o). Der Vater-Gott
weiß, daß Menschen "dies alles" (Kleidung, Nahrung) "nötig haben"[1],
und muß für seine Kinder sorgen; darum wäre ständiges Sich-Sorgen-
Machen "Kleinglauben" (V.3o), "heidnisches Trachten" (V.32);

c) vorrangige Werte: Das Leben ist mehr als Nahrung und Kleidung
(V.25.28);

d) die Ausrichtung: Die Gottesherrschaft soll vornehmstes Ziel
des Trachtens der Jesusjünger sein (V.33); sie können nicht
Gott dienen und zugleich dem Mammon, dem Abgott Geld (Mt 6,24).

Alle diese Mahnungen, die vor dem Abgleiten in eine ängstliche
Haltung des Sorgens schützen wollen, sind bereits in der Erzählung vom Manna ansatzweise enthalten. Daß das Leben mehr ist
als Nahrung und Kleidung, läßt Jahwe nach Ex 16 gerade im Sabbat aufleuchten, der ein heiliger Ruhe- und Feiertag für Jahwe
sein soll. "Sammler" finden da nichts. Und doch weiß auch Ex 16
darum, daß der Mensch bei aller Freude an Gott "dies alles",
nämlich die einfachen Lebensmittel braucht: der Sabbat-feiernde
Mensch soll keinen Mangel leiden, denn Gott gibt wunderbarerweise am sechsten Tag das Doppelte (Ex 16,22). Geißelt Jesus
in Mt 6,3o.32 die "merimnān"-Haltung als Kleinglauben und heidnisches Trachten, so sind damit in Ex 16 das immer wieder aufkommende "Murren" (V.2.7ff.12) und zweifelnde Fragen des Volkes (V.3f.15) sowie gegen Gottes Gebot verstoßende Handlungen,
aus dem Unglauben geboren (V.18.2o.27), zu vergleichen. Was
Jesus am Beispiel Vögel und Feldpflanzen schildert, daß der
himmlische Vater das zum Leben Notwendige als ein Geschenk

---

1) E.Fromm, Haben oder Sein, S.87f, unterscheidet vom negativen
"charakterbedingten Haben" das "existentielle Haben" (Nahrung,
Wohnung, Kleidung, einfache Werkzeuge) als überlebensnotwendig.

"gibt", so daß wir nicht in dem irrigen Bewußtsein leben sollten, wir könnten unser Leben durch plan-volles, vor-sorgendes
Arbeiten und In-die-Scheunen-Sammeln sichern - das ist eigentlich das Grunderlebnis der Israeliten in der Wüste (Ex 16).
Gerade das In-die-Scheunen-Sammeln (Mt 6,26 "synagousin eis
apothēkas") wird durch Ex 16,23 (LXX spricht hier explizit von
der "apothēkē") auf eine einzige Situation begrenzt: auf den
Vortag des Sabbat. Ansonsten gilt das Prinzip: nur für den täglichen Bedarf sammeln (V.16.21). Hier genau knüpft die Weisheit Jesu an, bezeichnenderweise mit seelsorgerlichem Akzent:
"Das Morgen wird für sich selber sorgen. Genug daß jeder Tag
seine eigene Plage hat." Das Sorgen verlängert die Lebenszeit
nicht um eine Elle (Mt 6,27), wie in der Mannageschichte der,
der durch sein übertriebenes Sammeln viel be-sorgt, am Ende
nicht einen Deut mehr hat (Ex 16,17-2o). Die resolute Zentrie-
rung des Lebens auf Gott, von Jesus als "Trachten nach der Gottesherrschaft" zuvörderst gefordert, erscheint bereits in Ex 16
als Leitmotiv: Das Volk soll konsequent das Gebot Jahwes befol-
gen (V.4.9.16.23.25f) - darauf ruht die Verheißung, daß es die
Wahrheit und die Geschichtsmächtigkeit Jahwes "erkennen" wird
(V.6-12). Auch die Mahnung Jesu "Sammelt euch nicht Schätze
auf Erden, wo Motte und Rost sie verderben..." (Mt 6,19) spielt
in ihrem ersten Teil auf Ex 16 an, nämlich auf das falsche
Verhalten derjenigen Israeliten, die "(zu)viel...sammelten"
(V.17) und bis zum Morgen etwas aufhoben - "da verfaulte es
und wurde voller Würmer und stinkend" (V.2o).

Mt 6,19-34 zeigt, in welch hohem Maße Jesu Verkündigung atl. Glau-
bensgut aufgehoben hat. Und zwar 'aufgehoben' nicht im Sinne des
Für-ungültig-Erklärens, sondern im Sinne des Bewahrens, des Ein-
verleibens in eine umfassendere Wahrheit. Was schon im alten Bund
als wahr erkannt ist, bekommt letzte Bedeutsamkeit durch die ge-
wußte Nähe der Gottesherrschaft und durch Christi "Gehet hin in
alle Welt". Im Vollsinn zu realisieren freilich ist die Predigt
Jesu erst in einer Zeit der offenbaren Herrschaft Gottes, wenn
Gott uns mit derselben offenbaren Güte begegnen wird wie dem
ersten, sorgenlosen Menschenpaar im Paradies und dem Manna essen-
den Israel.

4. Jesusüberlieferung im Umkreis der Brotbitte

Lukas überliefert uns im unmittelbaren Zusammenhang der von Ex 16
angeregten Predigt Jesu (12,22-34) die negative Beispielgeschichte
vom Reichen Kornbauer (12,13-21). Der Kornbauer plant größere
Scheunen, um dorthin die steigenden Ernteerträge zu "sammeln"
(V.17-18). Er häuft Güter für viele Jahre an - sicher durch

sabbatloses Durcharbeiten -, um ein sorgenfreies Später aus Essen, Trinken und Vergnügungen zu sichern. Diese - der Psychoanalytiker würde sagen: zwanghafte - Vorsorge, aus der Angst geboren, führt sich durch vorzeitigen (Herz?-)Tod ad absurdum. Jesus hat hier einen abschreckenden Antityp zum Typ des Israeliten von Ex 16 (und zum Landmann von Mk 4,27) geschaffen. Der Reiche Kornbauer rechnet mit der Realität Gottes erst, als Gott ihn im Tod einholt und mit sich konfrontiert. Jeden Tag aber verpaßt er die Möglichkeit glücklichen Daseins, das realisiert würde durch Mit-Mensch-Sein und Vor-Gott-Sein.

Bei genauerem Hinsehen befaßt sich ein breiter Strom der biblischen Überlieferung kritisch mit dem Haben-Charakter des Menschen[1].
Schon Dtn 8,11-17, um nur ein Beispiel aus dem AT anzuführen, warnt eindringlich vor der Gefahr, ob der erreichten Habe "das Herz zu überheben" und Jahwes "zu vergessen". Der Wohlstand, reichliches Essen und Trinken, schöne Wohnhäuser, wachsender Reichtum an Vieh und Silber und Gold und an "allem, was dein ist", könnten zu einem unangemessenen Stolz auf die eigene "Kraft und Stärke" verleiten.
Radikaler ist die ntl. Kritik vor dem Horizont der Gottesherrschaft. Aus der Begegnung Jesu mit dem Reichen (Mk 1o, 17-27) wird deutlich, daß die vollkommene Hinwendung zum Gottesreich zugleich die totale Abwendung von der Habe sein muß; sich in die Nachfolge Jesu zu begeben und sich ganz in Gott fest zu machen, geht nur so, daß man sich von den materiellen "Schätzen" völlig löst. Erschütternd die Melancholie über der Szene; das Gespräch Jesu mit dem Reichen desillusioniert alle, die glauben, daß Trennung von gewachsener Habe und Erlösung von verfestigtem Haben-Charakter unter Leidensdruck und mit der Aussicht auf einen "Schatz im Himmel" leicht möglich sei. Die Tatsache "er hatte große Besitztümer" genügt als solche (!) den Blick des Ewiges Leben Suchenden zu verfinstern und ihn tieftraurig weggehen zu lassen (V.22).
Die Grundforderung der Nachfolge Jesu bleibt: "Jeder, der sich nicht trennen will von allem, was er besitzt, kann nicht mein Jünger sein." (Lk 14,33)
In der Gemeinschaft Jesu wurde dann, gemäß der Brotbitte, die endzeitlich motivierte Sorglosigkeit eingeübt; manchmal vergaßen die Jünger, genügend Brot mitzunehmen (Mk 8,14).
Zur Verkündigung des Gottesreiches ausgesandt, sollen die Jünger darauf vertrauen, Essen und Trinken in den jeweiligen

---

[1] Angemerkt sei: Die Kritik gilt nicht dem Besitz, dem materiellen Reichtum als solchem, sondern der damit verbundenen Gefahr des Mammon-Dienstes, einer verkehrten Lebenshaltung und -ausrichtung und Verschiebung der Werte. Notwendigkeit und Recht eines 'existentiellen Habens' (E.Fromm) werden von Jesus in Mt 25,35-37 indirekt bestätigt: Zur Lebenssicherung bedarf jeder Essen und Trinken, Wohnung (und seelische Zuwendung).

Häusern als Gegengabe für ihre Verkündigung zu bekommen (Lk 1o,7-8). Sie sollen wissen: Wenn sie in naher Zukunft verfolgt und vor Statthalter geführt werden, dann "will ich euch Rede und Weisheit geben, der alle eure Gegner nicht widerstehen...können", "so nehmet euch dies zu Herzen und sorgt nicht schon im voraus, wie ihr euch verteidigen könnt." (Lk 21,14f) Es ist faszinierend zu sehen, wie hier, bis in den Wortlaut hinein, atl. Lebensweisheit in der Erwartung der Königsherrschaft Gottes auf den Kopf gestellt wird - in Pred 3,11 hieß es: "Auch die ferne Zeit hat er [der Schöpfer] ihnen [den Menschen] ins Herz [=ins Bewußtsein] gegeben." Demgegenüber überlassen die Jünger Jesu, gemäß der Brotbitte, alles dem jeweiligen Tag.

In diesen Zusammenhang gehört auch Jesu Wort an Martha: "Für vieles sorgst du dich und bist davon umgetrieben. Aber nur wenig ist nötig - eigentlich nur eines!" (Lk 1o,41; vgl. Mt 6,33)

Auch die drei Sich-Entschuldigenden im Gleichnis Lk 14,18-2o schlagen, beharrend im Haben-Modus, die höhere Lebensqualität der Basileia aus. Sie stützen ihre Entschuldigung wohl, ohne es deutlich auszusprechen, auf die Rechtssätze Dtn 2o, 5-7 und ein von daher geprägtes sittliches Bewußtsein. Dtn 2o,5-7 sah eine Befreiung vom Kriegsdienst vor in Fällen des Neubaus eines Hauses, der ersten Nutzung eines Weinbergs und eines Verlöbnisses.

Jesus hat eine Ordnung der Basileia angedeutet, die man 'Freundesordnung' nennen könnte. Das Gleichnis vom bittenden Freund folgt bei Lukas dem Vaterunser und verdeutlicht vor allem die vierte Bitte (11,5-8). Ein Mann wird durch seinen unerwartet und spät in der Nacht ankommenden Freund scheinbar in arge Verlegenheit gebracht, denn er hat nichts im Hause, was er dem hungernden Gast vorsetzen könnte (V.6). Das kommt offensichtlich daher, daß er nur für jeweils einen Tag Brot backen läßt, obwohl ihm die Gastfreundschaft über alles geht. Aber seine Sorglosigkeit wird auch jetzt nicht beschämt. Denn er kann sich auf einen anderen Freund, einen guten Nachbarn, verlassen, der stets ansprechbar und hilfsbereit ist. Zwar stört man, scheucht die schlafende Familie auf, wenn man um Mitternacht anklopft und um Brot bittet. Aber es wird selbstverständlich aufgemacht und der Wunsch erfüllt (V.8). Wo sich die Basileia realisiert, darf man den himmlischen Vater bitten wie der ungenierte Freund: wir klopfen an, und es wird uns aufgetan (Lk11,9). Gott gibt seinen Kindern die guten Gaben der

11

Endzeit (Mt 7,11; Lk 11,13). Schon im Alten Bund macht sich Gott Abraham zum "Freund" (Jes 41,8; 2Chr 2o,7). Im Neuen Bund werden alle zu "Freunden" Gottes erklärt (vgl. Joh 15,13-17). Das Gleichnis vom Bittenden Freund ruft aber auch nach einer Lebensordnung, in welcher die Menschen als Freunde sich begegnen und die Sorge auf die Freundschaft werfen.

Vor allem die vierte Vaterunser-Bitte verlangt eine Freundesordnung. Mit Recht zählt Martin Luther, sie erklärend, "gute Freunde und getreue Nachbarn" zur Nahrung und Notdurft des Leibes.

Wer mit Jesus um das tägliche Brot nach Manna-Weise bittet, wird auch zu bedenken haben, daß diese Bitte heilszeitlichen Klang in den Ohren der Jünger und der jüdischen Zeitgenossen hatte; das "Brot vom Himmel" des Mannawunders wurde ja für die Endzeit wiedererwartet: Wie der erste Erlöser Mose wird auch der letzte Erlöser, der Messias, es erreichen, daß Gott das "Brot vom Himmel" geben wird (Midrasch Qohelet 1,9; 9b; vgl. Joh 6,31). Dieses von Gott gegebene Brot muß nicht mehr im Schweiße des Angesichts einem fluchbeladenen Acker abgerungen werden (Gen 3,19), sondern bietet sich an wie die Früchte des Paradieses und das Manna in der Wüste.

Jeder Sabbat war für Jesus ein Abglanz des großen Weltensabbat (vgl. Lk 13,16; 14,3 und Jub 5o,9b; Mekh.Ex 31,12), ja seine ganze Heilstätigkeit geschah nach Lk 4,19/ Jes 61,1f in einer 'Sabbat'zeit der besonderen "Gnade Jahwes", und dementsprechend bringen seine Freudenmahle einen Vorgeschmack des Freudenmahls am Tische Gottes (vgl. Mt 8,11; 26,29; Lk 14,15). Wie die Sabbat-Heilungen den letzten Sabbat vorweg-nehmen, so die Sünder- und Freundesmahlzeiten Jesu das Mahl der Heilszeit auf dem Zion (Jes 25,6ff). Als seine Vorweg-Darstellung erscheint in besonderer Weise die Speisung der Fünftausend bzw. der Viertausend (Mk 6,34-44; 8,1-9), ntl. Gegenstück der Mannaspeisung. Jesus bewährt sich als der gute Hirte an Gottes Stelle, der seine Herde zur grünen Weide führt (Ps 23,1), der allen Brot bietet ohne Geld (Jes 55,1-3).

Folgende Gesichtspunkte seien hervorgehoben, die in der Vaterunser-Brotbitte mitzubedenken sind:
1. Die Speisungen Jesu, insofern sie als 'wunderbare

Rettungen' erzählt werden, verdeutlichen, daß der Mensch
nicht (allein) vom Brot lebt, das er sich selbst besorgt,
sondern von Gottes schöpferischem Wort, das Hilfe bringt, wo
menschliche Möglichkeiten erschöpft sind (Dtn 8,3; vgl. die
Versuchungsgeschichten).
2. Schon Ps 132,15 bekannte von Gott, daß er "den Armen Brot
genug gibt"; die Speisungen der Fünftausend und der Viertausend mit den übrigen zwölf bzw. sieben Körben meinen die
Speisung der bedürftigen Menschheit aus Juden und Heiden[1]
'Brot für die Welt'. Vor diesem Hintergrund schließt die
vierte Vaterunser-Bitte eine Verpflichtung der betenden Gemeinde ein, sich an Anstrengungen der Kirchen zu diesem Ziele
hin zu beteiligen.
3. Der feierliche, liturgische Ablauf des Mahls (Mk 6,4of)
stellt eine Herausforderung an die glanzlosen Mahlzeiten des
modernen Menschen dar. Erinnerung an Jesus und Erwartung der
Basileia laden dazu ein, den gemeinsamen Mahlzeiten größeres
Gewicht zu geben, bewußter und feierlicher miteinander zu
essen.
4. Die "Speise" Gottes hat nach Mk 6,34 (vgl. 8,17-21) auch
eine geistlich-seelsorgerliche Dimension: Jesus erbarmt sich
der Hirtenlosen, indem er "lehrend" zu ihnen spricht! Zum
täglichen Brot gehören demnach auch geistliche Erkenntnis,
seelische 'Vitamine'.

5. Zur Meditation

Sicherlich drängt die in die Predigt Jesu über das Nicht-Sorgen
eingebettete und von der Manna-Sabbat-Geschichte her formulierte
Brotbitte des Vaterunsers, so ernst genommen, zu einer Überprü-
fung der Lebensgewohnheiten des modernen Menschen. Zwei Gesichtspunkte erhärten ihre Bedeutsamkeit: 1. Jesus hätte, denkbar, auch
andere im AT sichtbar werdende Lebensstile zum Vorbild erheben
können, z.B. den entgegengesetzten des voraus-schauenden und
voraus-planenden Joseph, der auf Jahre hinaus die ägyptischen
Kornkammern füllte. 2. In jedem Menschen lebt, mindestens
verborgen, eine Sehnsucht nach wahrerem Leben, nach Befreiung von
Habsucht, Verhaftung an den Besitz. Brotbitte des Vaterunsers und
Sabbat räumen dieser Sehnsucht Zeit ein, sich zu erfüllen.

Offensichtlich trifft dieser Ausschnitt biblischer Überlieferung
eine der großen Sünden unserer Zeit. Viele Menschen im Nachkriegs-
deutschland sind in ein Fahrwasser geraten, in dem sie vor lauter
Mühe, Existenz zu sichern und Haben zu erweitern, in Verkennung

1) Vgl. O.Betz/W.Grimm, Wesen und Wirklichkeit der Wunder Jesu, S.59

des wahren Glücks ein Tempo fahren, das die heilsamen Bremsen des Feierabends und des Sabbat wirkungslos macht. Es geht nicht in Fleisch und Blut, nicht ins 'existentielle Wissen' über, was wir kognitiv sehr wohl wissen, daß das be-sorgende Denken und Arbeiten am Feierabend und Feiertag letztlich nichts bringt (vgl. Ex 16,27!), weil es die Erneuerung des erschöpften Menschen verhindert und das 'authentische Sein' (E.Fromm) auf ein Später verschiebt, das gar nicht in unserer Macht steht. Der biblischen Beispielgeschichte vom Reichen Kornbauer füge ich hier zwei entsprechende moderne, einprägsame Beispielgeschichten hinzu. Sie treffen genau den kritischen Punkt.

DER NARR

Ein Mann hatte einen großen Terminkalender und sagte zu sich selbst: Nun sind alle Termine eingeschrieben, aber noch sind die Tagung X und die Tagung Y, die Sitzungen der Synode und des Gemeinderates nicht eingeplant. Wo soll ich sie alle unterbringen? Und er kaufte sich einen größeren Terminkalender mit Einteilungsmöglichkeiten der Nachtstunden, disponierte noch einmal, schrieb alle Tagungen und Sitzungen ein und sagte zu sich selbst: Nun sei ruhig, liebe Seele, du hast alles gut eingeplant. Versäume nur nichts! Aber je weniger er versäumte, umso mehr stieg er im Ansehen und wurde in den Ausschuß Q und in den Ausschuß K gewählt, zweiter und erster Vorsitzender, Präsident, und eines Tages war es dann soweit, und Gott sagte: Du Narr, diese Nacht stehst du auf meinem Terminkalender! - Gottfried Hänisch, in: Ja zu jedem Tag, S.41

Es lebte ein Mann, der war ein sehr tätiger Mann und konnte es nicht übers Herz bringen, eine Minute seines wichtigen Lebens ungenützt vorüber zu lassen. Wenn er in der Stadt war, so plante er, in welchen Badeort er reisen werde. War er im Badeort, so beschloß er einen Ausflug nach Marienruh, wo man die berühmte Aussicht hat. Saß er dann auf Marienruh, so nahm er den Fahrplan her, um nachzusehen, wie man am schnellsten wieder zurückfahren könne. Wenn er im Gasthof einen Hammelbraten verzehrte, studierte er während des Essens die Karte, was man nachher nehmen könne. Und während er den langsamen Wein des Gottes Dionysos hastig hinuntergoß, dachte er, daß bei dieser Hitze ein Glas Bier wohl besser gewesen wäre. So hatte er niemals etwas getan, sondern immer nur ein Nächstes vorbereitet. Und als er auf dem Sterbebett lag, wunderte er sich sehr, wie leer und zwecklos doch eigentlich dieses Leben gewesen sei.
- Victor Auburtin, in: Ja zu jedem Tag, S.158

Vgl. auch das Gegenbeispiel des "glücklichen Fischers" in: Ja zu jedem Tag, S.89 (nach Heinrich Böll).

Freilich liegt der Einwand nahe: Wie könnte der Mensch von 1979 den Manna-Sabbat-Lebensstil realisieren, ohne total auszusteigen aus dem Leben, das ihn trägt? Gewisse Praktiken des Vorsorgens, Planens, Sammelns: Krebs-Vorsorge, Sparbuch für die Kinder, Kranken- und Altersversicherungen, Stundenplan, um nur einiges zu nennen, sind im Rahmen der Lebensbedingungen hier und heute einfach zu richtig, evident sinnvoll, als daß ihre Berechtigung von Ex 16; Mt 6 her in Zweifel gezogen werden könnte. Ja, Mahnrufe verantwortlich denkender Naturwissenschaftler wissen das Überleben der Erde davon abhängig, ob es gelingt, gewisse Prozesse global zu steuern. Weltweite und langfristige Planungen erscheinen geradezu als Gebot der Stunde, um etwa den Energie- und Nahrungsmittelbedarf der Menschheit weiterhin zu decken und die Zerstörung der Erde zu verhindern.

Zu diesem vorläufigen Einwand gesellen sich zwei theologische Gesichtspunkte: 1. Jesus hat, aus seinen Gleichnissen Mt 7,24-27 (Haus nicht auf Sand bauen!) und Lk 14,28-32 (das Ende eines Vorhabens abschätzen!) zu erschließen, auch dem gegenpoligen Lebensprinzip des Planens und Voraus-Schauens relatives Recht zugemessen. 2. Die reine Manna-Sabbat-Lebensweise ist eine an die offenbare, unverhüllte Gottesherrschaft gebundene Möglichkeit: diese erst macht alle materiellen, gesammelten Schätze und Sicherungen völlig überflüssig. Im Tod werden wir leicht los-lassen. Bis dahin sind geglückte Manna-Sabbat-Lebensvollzüge immer Ausdruck besonderen Begnadetseins, weder auszuschließen, noch einfach machbar.

Vorläufig bleibt die mit der vierten Vaterunserbitte erbetene Lebensweise der Basileia als Nicht-über-den-Tag-hinaus-Sorgen, Sabbaterleben und Freundesordnung immerhin Stachel im Fleisch einer verweltlichten Christenheit. Von der Zuversicht zur kommenden Gottesherrschaft und ihrer Lebensordnung gehalten, sollten dem Christen kräftige Kurskorrekturen möglich sein.
Die Vaterunser-Bitte hilft gegen die Versuchung, 'alles' im Griff haben, sein Leben durchplanen und aus eigener Kraft sichern zu wollen. Sie dämpft die Lebensangst und schützt - wie auch der Sabbat - den Menschen davor, mit seinen Gedanken in die Zukunft

abzugleiten, immer auf 'Berge' vor sich zu starren. Sie wehrt
dem Sich-vorweg-Sein der Sorge und hält den Menschen in der Gegenwart fest, so daß er ganz da-sein kann und nicht ständig die
Gegenwart entleert. Sie leitet in bezug auf die Zeit zusammen mit
dem Sabbat an zu einem gewissen Nutzungsverzicht: die Zeit darf
nicht nach dem Motto 'Zeit ist Geld' grenzenlos ausgebeutet werden für nützliche Zwecke, für Erweiterung des Habens; sie ist
auch Raum für das authentische Sein.
Die Brotbitte bremst den 'hortenden' Menschen und verstärkt die
Bereitschaft zum brüderlichen Teilen.
Nachfolgende Sätze E.Fromms (Haben oder Sein, S.56f) mögen das
Einüben einer demgemäßen Lebensweise erleichtern:
"Gott ist hier [sc.: in der Mannaerzählung] die Nährmutter, die
ihre Kinder füttert, ohne daß diese etwas leisten müssen, um ein
Recht auf Nahrung zu erwerben. Das...Gebot Gottes warnt vor der
Raffsucht, der Gier und dem Besitzstreben...Am Sabbat lebt der
Mensch als hätte er nichts, als verfolge er kein Ziel außer zu
sein, d.h. seine essentiellen Kräfte auszuüben - beten, studieren,
essen, trinken, singen, lieben. Der Sabbat ist ein Tag der Freude,
weil der Mensch an diesem Tage ganz er selbst ist..., an dem Besitz und Geld ebenso tabu sind wie Kummer und Traurigkeit; ein
Tag, an dem die Zeit besiegt ist und das Sein herrscht."

III DER SABBAT IM ALTEN BUND

Soziologen registrieren mit Erstaunen gewisse sich durch die
Zeiten durchhaltende Grundverhaltensweisen der Menschen. So bemerkt J.Schasching: "Es ist interessant, wie Menschen Jahrtausende für Jahrtausende das gleiche taten. Zum Beispiel im Umgang
mit den Göttern. Sie reservierten den Gottheiten immer wieder
zwei Dinge: geheiligte Orte und geheiligte Zeiten."[1]
Der biblische Sabbat freilich, so sehr er nach soziologischer Betrachtungsweise zu den 'geheiligten Zeiten' der Völker gehören
und einem menschlichen Ur-Bedürfnis entsprechen mag, zeichnet
sich durch außergewöhnliche und eigentümliche Sinngehalte aus.
Schon deshalb kann sein Anspruch, von Jahwe Israel offenbart worden zu sein, nicht von vornherein von der Hand gewiesen werden.
Jedenfalls wird man E.L.Ehrlich nach vorbehaltloser Prüfung des
Verhaltes zustimmen: "Der Sabbat ist das große Geschenk Israels
an die Welt."[2]

1. Das Wesen des Sabbat

Es legt sich nahe, nach dem Anfang, nach der ursprünglichen 'Idee'
des Sabbat zu fragen, um seinen Wesenskern zu bestimmen. In diesem Sinne hat sich die atl. Forschung intensiv bemüht, die reli-
gionsgeschichtliche Herkunft des Sabbat herauszufinden. Jedoch
ist sie bis heute zu keinem gesicherten Ergebnis gekommen. Es
konkurrieren die verschiedenartigsten Theorien:

> Man denkt an einen ursprünglichen Vollmond[1] tag aufgrund der
> sprachlichen Verwandtschaft mit akkadischem "šabpattu", an
> Tabutage eines nomadischen Schmiedestammes, an periodisch
> wiederkehrende Markttage oder auch an einen Zusammenhang mit
> der Sieben-Zahl ("šaebaʿ")[3].

---

1) J.Schasching, Was wurde aus dem Tag des Herrn?, in: Entschluß
   1979, Heft 1
2) E.L.Ehrlich, Die 1o Gebote, in: Israel hat dennoch Gott zum
   Trost, Festschrift für Schalom Ben Chorin, Trier 1978, S.15
3) Vgl. THAT II 869.

Hilfreich für ein angemessenes Sabbat-Verständnis wäre es, eine
Grundfrage sicher entscheiden zu können: War der Sabbat ursprünglich kultisches Ereignis, heiliger Tag der Verehrung Gottes oder
von Anfang an ein Ruhe-Tag im psychohygienischen und sozialen
Sinn der Gebotsreihen?

Für die erste Möglichkeit sprechen einige wohl alte Formulierun-
gen des Sabbatgebotes wie "Gedenke des Sabbattages, ihn zu heiligen" (Ex2o,8; Dtn 5,12), für die zweite der offenbare Zusammenhang des Sabbat mit dem Verb "šbt" = "ruhen" und die Beobachtung,
daß es für die Wendungen "Sabbat heiligen", "des Sabbat gedenken",
"Sabbat beachten" nur eine einzige Konkretion gibt: "keine Arbeit
tun!".

In der Tat - ersichtlich und erheblich für uns sind der klare
Zusammenhang des Nomens "šabbāt" mit dem Verbum "šbt", zu deutsch
"aufhören", "eine Tätigkeit einstellen", "ruhen"[1], und eine sehr
alte Fassung des Sabbatgebotes (Ex 34,21), die dem entspricht:

> Sechs Tage arbeite [taʿᵃbōd],
> am siebenten halt ein [tišbōt = "laß die Arbeit ruhen".
> Dabei dürfte die Arbeit als mühselige Arbeit im Sinne
> der Urgeschichte vorausgesetzt sein: "Mit Mühsal
> sollst du dich vom Erdboden nähren dein Leben lang...
> Im Schweiße deines Angesichts sollst du dein Brot
> essen"(Gen 3,17-19)]

Verschiedenartig ausgeführt und begründet, erscheint das Sabbatgebot in den drei Versionen des Dekalogs (Ex 2o,8-11; 34,21; Dtn
5,12-15) sowie im Bundesbuch Ex 23,12 und im Heiligkeitsgesetz
Lev 19,3.3o.[2] Immer ruht es auf der lapidaren Forderung "Am siebten Tag nicht arbeiten!" auf; Weiterungen, die einen inneren,
theologischen oder sozialen Grund dieses Gebots angeben, lassen
sich als zugewachsene Schicht von dem Ur-Gebot abheben: theologische Reflexion mußte dem tieferen Sinn des Sabbat nachgehen,
ohne daß dadurch der einfache Grundgedanke vergessen wurde. Wo
die verbale Form "sabbaten" ersetzt wird durch "an den Sabbat gedenken", "den Sabbat heiligen", "den Sabbat beachten", da bleibt
doch die synonym parallele, konkrete Bestimmung stets: "du sollst

---

1) Vgl. Gen 2,2.3; Ex 16,3o; 23,12; 31,17; 34,21; Lev 23,32;
   25,2; 26,34f; 2Chr 36,21. Vgl. besonders Ex 16,26 / 3o.
2) Vgl. noch eine in die Mannageschichte eingefügte, vielleicht
   alte Fassung des Gebotes in Ex 16,26. Siehe dazu S.5.

keine Arbeit tun", auch da, wo ein "Sabbat für Jahwe" geboten wird. Den Sabbat "heiligen" kann ja auch dem Wortsinn nach nur heißen: ihn scharf ausgrenzen von allen übrigen 'normalen' Tagen und ihrem Ablauf.

Am Anfang des Sabbat in Israel steht also ein kategorisches Verbot - seine Unbedingtheit wird noch unterstrichen durch die Einbeziehung einer Extremsituation: "noch nicht einmal in der [Hochbetriebs-]Zeit des Pflügens und der Ernte" (Ex 34,21b). Vor aller Sinngebung oder gar kultischen Begehung eine pure Negation: das mühevolle Arbeiten, das sechs Tage sein muß, darf am siebten Tag nicht sein. Der auf diese Weise befohlene 6+1-Takt des Lebens ist von so ungeheurer Wichtigkeit, daß er rückhaltlos angenommen werden muß, auch wo der tiefere Sinn nicht bewußt wird und wirtschaftliche und existentielle Folgen des Ruhetags noch nicht übersehen werden können. Freilich demonstrieren die atl. Texte die geistige Anstrengung des israelitischen Menschen, den Sabbat seiner Intention nach zu begreifen. Wir werden sehen, daß gerade Jesu eigentümliches Sabbatverhalten einen konsequenten Versuch darstellt, dem Wesen des Sabbat, wie er von Gott gemeint ist, nahe zu kommen, während der Verzicht auf jegliche Sinngebung zwangsläufig zur unmenschlichen pharisäischen Kasuistik und zur Pervertierung des Sabbat führen muß.

Das Sabbatgebot können wir mit guten Gründen als das vornehmste Gebot des alten Bundes bezeichnen:
a) Es ist häufiger genannt als jedes andere Gebot und setzt die weitestgehenden theologischen Kommentierungen und sozialen Begründungen aus sich heraus.
b) Seine Übertretung gefährdet akut das Leben des Übertreters; Todesstrafe wird ihm angedroht (Ex 31,13-16; 35,2f; Num 15,32ff). Die permanente Mißachtung des Sabbatgebotes zieht auf ein ganzes Volk ein schreckliches Gericht nach sich, so beurteilt der Prophet Hesekiel die Ursache des babylonischen Exils (Ez 2o,13.16. 24; 22,8.26; 23,38; vgl. Neh 13,15ff und schon Jer 17,21).
c) In der prophetischen Kritik des pervertierten Jahwekultes bleibt der Sabbat, jedenfalls bei Amos, unbehelligt, scheint

noch intakt. Amos verwirft einen 'aktivistischen' Opfer- und Gebetsdienst leidenschaftlich (4,4f; 5,21ff), erkennt aber im Sabbat durchaus einen gewissen Schutz für die armen Leute vor den geschäftstüchtigen und betrügerischen Getreidehändlern, die sagen: "Wann ist der Sabbat vorbei, daß wir wieder Korn feilhalten können, das Maß zu verkleinern und den Preis zu steigern und die Waage zum Betrug zu fälschen" (Am 8,5).

d) In nachexilischer Zeit erhält der Sabbat, gerade nach dem Verlust der Sabbat-Tempelfeier, zeichenhafte Bedeutung; er signalisiert den bleibenden Bund Jahwe-Israel (Ex 31,17) und unterscheidet Israel von Nichtisrael (Ez 2o). In Neh 9,14 steht das Sabbatgebot in einem feierlichen Bekenntnis der Gottesdienstgemeinde stellvertretend für alle am Sinai empfangenen Weisungen.

e) Der Sabbat zählt zu den Werten des alten Bundes, die - wie wenige andere - letztendliche Bedeutsamkeit gewinnen. Und zwar in mehrfacher Hinsicht: Die nachexilischen Propheten erklären zur unabdingbaren Voraussetzung der Heilsteilhabe des Einzelnen die strikte Beachtung des Sabbatgebotes (Jes 56,1-2; 58,13f); wer den Sabbat hält, kann nach Jes 56,3-8 auch als Nicht-Israelit (!) zum Volk Gottes gehören. In der Heilszeit erübrigt sich vieles - nicht aber die - universal ausgeweitete - Sabbatfeier in Jerusalem (Jes 66,23); und schließlich wird der Sabbat - über das Zwischenglied "Sabbatjahr" (Lev 25) - sogar zum Symbol, ja zur Gestalt der Heilszeit, indem der messianische Gesandte sein Heilswerk der "Freilassung" im "[Sabbat-]Jahr der Gnade Gottes" vollbringt (Jes 61,2).

Aus diesen ersten Einsichten in das Wesen des Sabbat ergeben sich bereits zwei einfache Anfragen an eine sabbatschändende moderne Leistungsgesellschaft.

a) Haben wir vielleicht heute neben die beiden - von Jesus so genannten - "vornehmsten" Gebote der Gottes- und Nächstenliebe gleichrangig ein drittes des Sich-von-Gott-lieben-Lassens zu stellen, nämlich das Sabbatgebot? Jedenfalls haben wir seine überragende Stellung innerhalb des AT.s schon gesehen. Zu fragen wird noch sein, welchen Rang ihm Jesus zugewiesen hat.

b) Wie sähe eine existentielle Würdigung des oben dargestellten
Befundes aus, des ursprünglichen, kategorischen Ruhe-Gebots, der
rein negativen Bestimmung des Sabbat-Verhaltens? Entspricht der
Unbedingtheit des zunächst nicht erklärten und nicht begründeten
Ruhegebots nicht ein ebenso unbedingtes Gehorchen unsererseits,
und zwar gerade dann, wenn wir über die positive Füllung und Ge-
staltung eines strikt gehaltenen Feiertags noch im Unklaren sind?
Mit anderen Worten: Ist nicht der arbeits-los verbrachte Sonntag
auch ohne Einsicht in den letzten Sinn der Sabbatruhe, gottes-
dienstlicher oder psychohygienischer Art, an sich schon von
Wert, Gutes, das wir uns gefallen lassen, ohne völlig zu verstehen?

2.   Sabbat: Atem schöpfen, Leben steigern

Am Sabbat rigoros alle Arbeit einzustellen, ist der äußere Be-
dingungsrahmen eines umfassenden Erholungsprozesses, in den Menschen und Tiere hineingenommen werden sollen.
Diese Erholung wird im Bundesbuch beschrieben mit dem Verbum
"Atem schöpfen"[1] (Ex 23,12), bezogen auf die mühselige und ermü-
dende, außer-Atem-bringende Sechstagearbeit. Daß solches Atem-
Schöpfen den Wert des Sabbat ausmacht, bringt die Priesterschrift
unüberbietbar dadurch zum Ausdruck, daß sie auch den Schöpfer-Gott
am Schöpfungssabbat "aufatmen" läßt.
Einen ähnlichen Sinn des Sabbat verrät eine kategorische Forderung
des Propheten Jeremia, aus der hervorgeht, daß der Sabbat unbe-
dingt zu entlasten habe:
        Hütet euch um eures Lebens willen,
        am Sabbattag Lasten zu tragen...   - Jer 17,21ff
Der Sabbat entlastet den Erschöpften und bringt ihn in einen ur-
sprünglichen, ausgeruhten Zustand zurück.
Freilich ist damit die Sabbat-Erfahrung noch nicht in ihrem ganzen
Umfang beschrieben, das positive Moment noch nicht erfaßt. Der
Sabbat führt nicht nur verloren gegangene Lebenskraft zurück,

---

1) "wᵉjinnāfēš": Im bewußten Aussprechen der lautmalenden Wendung
   spüren wir, wie wir verbrauchte Luft aus der Lunge herausstoßen
   - ein Teil des Atemvorgangs.

sondern auch eine gewaltige Lebenssteigerung herbei, wie bei
Tritojesaja mit dem Begriff "Wonne" angedeutet:

> Wenn du am Sabbat deinen Fuß zurückhältst, deine Geschäfte
> an meinem heiligen Tage zu betreiben, wenn du den Sabbat
> eine Wonne nennst und den heiligen Tag Jahwes verehrungs-
> würdig, wenn du ihn dadurch ehrst, daß du an ihm nicht dei-
> ne Gänge machst noch deiner Arbeit nachgehst und keine lee-
> re Reden führst, dann wirst du deine Freude haben an Jahwe;
> ich lasse dich auf den Höhen des Landes einherfahren und
> das Erbteil deines Vaters Jakob genießen.   - Jes.58,13f

Die von mühseliger Arbeit und allen weltlichen Geschäften freie
Zeit wird zum Raum, in dem der Mensch in besonderer Weise das eigentliche Leben ergreift und der Freude begegnet.

Von daher fällt nun auch Licht auf einen zumindest auffälligen
Satz der Priesterschrift: Gott segnete den Sabbattag (Ex 2o,11;
Gen 2,3), wie er unmittelbar zuvor etliche Tiere und den Menschen
gesegnet hatte, damit sie lebensfähig und fruchtbar würden. Segnen
heißt in diesem Zusammenhang: Lebenskraft zuführen. Und so wird
also gerade auch der Ruhetag mit belebenden Kräften ausgestattet.
Dem Sabbat-bewahrenden Menschen widerfährt nicht nur Beruhigung,
sondern auch Belebung. Dabei folgt Belebung, so können wir der
sprachlichen Struktur der Sabbat-Texte entnehmen, der strikten
Ruhe immer als ein zweites, wenn auch unmittelbar, nach.

So auch in Ps 116,7.9, einer Stelle, die neben anderen bezeugt,
daß der fromme Beter in Israel auf Sabbat-Sprache zurückgreift,
wo er das Erlebnis einer 'Beruhigung der Seele' artikuliert:

> Kehr zurück, meine Seele, zu deiner Ruhe,
> denn Jahwe vollbrachte Gutes an dir...
> Ich wandle vor Jahwe im Land der Lebendigen...
>   (vgl. Ps 131,2)

Dieser psychische Prozeß des langsamen Ruhe- und-neue-Lebendig-
keit-Findens nach einer lebensbedrohenden Krise und totaler Ver-
wirrung wird demnach vom Psalmisten als eine Art Sabbatgeschehen
erlebt.

Der hier in den Blick genommene ursprüngliche Sinn des Sabbat erscheint heute zunächst dadurch gefährdet, daß dem hektischen Menschen eine notwendige Umschaltung am siebten Tag nach sechs Tagen Konkurrenzkampf, Leistungszwängen gar nicht so einfach gelingt. Die Ängste, Probleme und menschlichen Konflikte des

'Sechstagerennens' verfolgen uns in den siebten Tag hinein, wie sie uns auch an jedem Abend am leichten Einschlafen hindern. Die Ruhigstellung, die Voraussetzung einer Neubelebung wäre, muß von immer mehr Menschen künstlich erzwungen werden, sei's durch Schlaftabletten, Autogenes Training oder östliche Meditationspraktiken.

Ein weiterer Angriff auf die Gottesgabe des Sabbat wird von linken Gesellschaftskritikern, auch Theologen, vorgetragen, die den oben beschriebenen Erholungsprozeß des biblischen Sabbat verdächtigen, nicht mehr als eine System-stabilisierende zeitweilige Entlastung ("Suspension") herbeizuführen.

> Die Spielräume der Freiheit haben für Herrschaft und Arbeit und die ihnen entsprechenden Disziplinen und Moralsysteme eine wichtige Bedeutung. In ihnen wird der Normalzustand zeitweise aufgehoben (Suspensionsfunktion). In ihnen wird man von den täglichen Anforderungen und Anspannungen entlastet (Entlastungsfunktion). Der Ausnahmezustand ist dabei jedoch so begrenzt, daß er dem normalen Leben dient, und die Entlastung soll für die kommenden Belastungen wieder fit machen. Die Spielräume der Freiheit in Urlaub und Vergnügen dienen also zuletzt wieder der Stabilisierung der Arbeitsmoral und des politischen Gehorsams. - J.Moltmann, Die ersten Freigelassenen der Schöpfung, S.16

Mit solchen Sätzen ist die dem Menschen am Sabbat zugedachte Entlastung gar nicht falsch beschrieben, nur eben zugleich von einer bestimmten Ideologie her abqualifiziert. Die harte Kritik, vor allem der Vorwurf der Stabilisierung des politischen Gehorsams träfen jedoch nur dann des Pudels Kern, wenn eine Gesellschaft der stets und völlig Ent-Lasteten ein realistisches und in absehbarer Zeit erreichbares Ziel wäre. Wer dies in Zweifel zieht - das atl. Menschenbild, sehr nüchtern, weiß um die Mühseligkeit des Daseins -, muß befürchten, daß die oben erwähnte, nicht nur von Moltmann vertretene Theorie ungewollt dazu beiträgt, dem belasteten Menschen die Erquickungen zu vermiesen.

Wie können diese Erkenntnisse in unserer Lebensführung fruchtbar werden?

1. Der Mensch, der sich dem biblischen Gebot verpflichtet weiß, wird sich von der erwähnten linken Gesellschaftskritik nicht verstören lassen. Er erhält sein gutes Gewissen vom atl. Sabbatgebot

23

selber, das den Zweck des Atemschöpfens, Entlastung-Findens, Neu-belebt-Werdens heiligt.

2. Die schwierige Umschaltung am siebten Tag gelingt nur durch äußerste Konsequenz. Hier berührt sich die atl. Sabbat-Forderung mit den formelhaften Vorsätzen des Autogenen Trainings. Wollen wir das Heil des Sabbat zurückgewinnen, so müssen wir uns immer wieder das einfache "am siebten Tag nicht arbeiten!" oder mit Psalm 116 "kehr zurück, meine Seele, zu deiner Ruhe" vor-sagen. Es gibt keinen anderen Weg zum Heil des Sabbat als das konsequente Einüben desselben.

3.   Sabbat und die Solidarität der Geschöpfe

Eine weitere Sinngebung des Sabbat finden wir im Bundesbuch, Ex 23,12, einer der ältesten Fassungen des Sabbatgebotes:

> Sechs Tage sollst du dein Werk tun,
> aber am siebten Tag sollst du sabbaten,
> damit dein Rind und dein Esel ausruhen
> und deiner Sklavin Sohn und der Fremdling aufatmen.

Nicht der Gebotsempfänger selbst, sondern sein Vieh und seine Arbeitskräfte sollen "aufatmen" können - so wird hier ein einziger, rein sozialer Zweck angegeben. Der Sohn der Sklavin und der Fremde sind abhängige Arbeitskräfte, gegen Befehle besonders wehrlos und wohl immer in Gefahr, außerhalb des Schutzraums der Jahwe-Gebote zu geraten. Das Sabbatgebot will gerade den äußerst Mühseligen und Beladenen ein Mindestmaß an Ruhe und Erquickung verschaffen, also etwas leisten, was später Jesus als sein messianisches Amt ansah, der die Mühseligen und Beladenen zur Ruhe und Erquickung rief (Mt 11,28).

Ähnlich unmittelbar vorher (Ex 23,1of) die Forderung des Ernteverzichts im Sabbatjahr: Der Ertrag gehört den Armen und was noch bleibt dem "Wild des Feldes".

Die Bedeutung dieser Bestimmung im Rahmen einer heute aktuellen 'Theologie der Schöpfung' mag ein Zitat von H.J.Boecker anzeigen: "Alle sieben Jahre soll das Land nicht bearbeitet werden. Für das, was die Felder dann trotzdem an Ertrag hervorbringen, dafür wird eine doppelte Anweisung gegeben. Zunächst sollen sich die Armen davon nähren, d.h. diejenigen, die keinen Landbesitz haben und sich deshalb auch keine Vorräte anlegen können. Der Rest aber soll für 'die Tiere des

des Feldes' übrig bleiben. Dabei ist ganz eindeutig an wilde
Tiere gedacht, nicht etwa an Haustiere. Es sind dabei sicher
auch solche Tiere im Blick, die dem Bauern lästig erscheinen,
weil sie sich auch über die reguläre Ernte hermachen. Es sind
also Tiere, die der Bauer als schädlich ansehen muß. Hier
aber wird nicht nach vordergründiger Schädlichkeit oder Nütz-
lichkeit der Tiere für den Menschen gefragt. Vielmehr gehören
auch die Tiere zu dem von Jahwe verliehenen Land, auch sie haben Anrecht auf Lebensunterhalt, auch ihnen steht etwas vom
Ertrag des Landes zu." (aus "Du sollst dem Ochsen, der da
drischt, das Maul nicht verbinden" - Festschrift für Friedrich
Lang, hrg. von O.Bayer und G.U.Wanzeck.Tübingen 1978, S.76)

Daß diese Bestimmungen des Bundesbuches nicht bloß über eine kür-
zere Phase der Geschichte des Zwölfstämmevolkes gegolten haben und
auch keineswegs bloß das soziale Pathos Einzelner widerspiegeln,
zeigt ihre Verankerung auch in den Zehngebotsreihen Ex 2o und
Dtn 5. In Ex 2o,1o heißt es:

       ...Da sollst du keine Arbeit tun,
       auch nicht dein Sohn, deine Tochter, dein Sklave,
       deine Sklavin, dein Vieh, auch nicht dein Fremdling,
       der in deiner Stadt lebt...

Und Dtn 5,14, eine parallele Fassung, legt die Intention des Gebotes dar:

       ...damit dein Knecht und deine Magd ausruhen gleich wie du...

Die ursprüngliche Gleichwertigkeit der Menschen vor Gott, wie sie
sofort notwendigerweise überdeckt wird, sobald Menschen sich gesellschaftlich formieren, bricht am Sabbat zeichenhaft auf. Das
Jahwe-gläubige alte Israel hat nicht nur eine relativ gerechte,
humane Sozialordnung entworfen, sondern mit dem Sabbat auch das
Wissen bewahrt, daß vor und bei Gott grundsätzlich alle gesellschaftlich gewordenen Klassen, Privilegien und Benachteiligungen
aufgehoben sind. So wird der Sabbat Stachel im Fleisch einer sich
eigengesetzlich fortentwickelnden israelitischen Gesellschaft, erinnert er doch stets an ein ursprüngliches Gleich-geachtet-Sein
der Menschen und dient er doch als Mahnzeichen für konsequente
Anstrengungen, dem ursprünglichen Gotteswillen wenigstens näher
zu kommen. Dieser Zusammenhang erhellt etwa aus der sozial ge-
meinten prophetischen Forderung Jesajas:

       Das ist die Ruhe: schafft Ruhe[1] dem Müden [das ist der
                   sozial Bedrückte].   - Jes 28,12

1) "m^{e}nūhā". "nū^{a}h" erscheint - gleichwertig mit "šbt" - zur Bezeichnung der Sabbat-Ruhe in Ex 2o,11; 23,12; Dtn 5,14.

Aber auch Dtn 15,1-11, Ausführungen über das Sabbatjahr,muß genannt werden, weil hier die Besinnung über die zeitgemäße Form des Sabbatjahr-Erlasses ("šᵉmiṭṭā") zu allgemeinen Betrachtungen über die Armut führt. Einerseits weiß man um die grundsätzliche göttliche Bestimmung "Keine Armen in Israel" (V.4), andererseits registriert man die Realität, daß die Armen nicht aus dem Lande "verschwinden" (V.11). Die Spannung zwischen hohem Selbstverständnis des Jahwe-Volkes und der Realität entlädt sich in einem eindringlichen Appell: "Wenn sich bei dir ein Armer befindet, irgendeiner deiner Brüder in einer deiner Ortschaften...in dem Lande, das Jahwe, dein Gott, dir geben wird, so sollst du dein Herz nicht verhärten und deine Hand nicht von deinem armen Bruder verschließen, sondern öffne ihm deine Hand und leihe ihm für seinen Bedarf, was immer ihm fehlt." (V.7f) Vor allem darf nicht ausgerechnet das Sabbatjahr Anlaß zu verschärfter Not der "armen Brüder" werden: "Hüte dich, daß nicht in deinem Herzen der nichtswürdige Gedanke aufkomme: das siebente Jahr, das Erlaßjahr, ist nahe, daß dein Auge bös blicke auf deinen armen Bruder und du ihm nichts gibst. Würde er wider dich zu Jahwe rufen, so wäre es Schuld für dich." (V.9) Dazu G.v.Rad: "Durch das aufkommende Latifundienwesen, aber auch durch die Last staatlicher Abgaben, wurde die wirtschaftliche Freiheit der Bauern draußen in der Landschaft [sic!] immer mehr bedroht. Oft genug war der Bauer gezwungen, zur Überbrückung gewisser Notlagen Kapitalien aufzunehmen. Kam dann ein Erlaßjahr, so war er es allein, der die Last dieser sakralen Ordnung zu tragen hatte, während die finanzielle Seite des Wirtschaftslebens keine Unterbrechung erfuhr. Es ist interessant zu sehen, daß und wie Israel in dem wichtigen V.2 das alte Gesetz diesen derart veränderten Verhältnissen angepaßt hat: der 'Erlaß' [sc.: ursprünglich: die agrarische Brache, Ex 23,1of] ist damit auf das Schuldwesen ausgedehnt worden." (ATD 8, S.75)

Die Sabbatruhe ist nur dort in ihrem Wesen recht erfaßt, wo sie sich auswirkt und hinein-erstreckt in allgemeine Bemühungen, den Bedrückten und Armen, speziell den Witwen, Waisen und Fremdlingen, Gerechtigkeit widerfahren zu lassen.

Von daher versteht sich ohne weiteres, daß dem Sabbat am Ende der atl. Glaubensgeschichte heilszeitliche Bedeutung zukommt. Die Sabbatgebote zielen ja auf ein umfassendes heiles, entlastetes Leben aller, wie es unter den Bedingungen dieser Erde aber niemals auf Dauer erreicht werden kann. Von dieser Erkenntnis ist es ein fast zwangsläufiger Schritt zu der Hoffnung, Gottes Heil am Ende der Zeit werde nichts anderes als ein ununterbrochener Sabbat sein (vgl. Jes 61,2 / Lk 4,16ff; Hebr 4; Mt 11,28).

Doch erinnert der Sabbat Israel an mehr noch: Unter das "Gleich wie du" (Dtn 5,14) fallen ja nicht nur die menschlichen

Arbeitskräfte, sondern auch das vom Menschen in den Dienst genommene Vieh (Ex 2o,1o; 23,11-12; Dtn 5,14). Der Sabbat stellt also
(alle) Menschen und die Kreatur, nach Ex 23,11 auch die wilden
Tiere!, in eine erste und letzte Schicksalsgemeinschaft hinein:
offenbar in eine Schicksalsgemeinschaft der Geschöpfe Gottes[1].
Auch dieses Moment des Sabbat geht in die biblische Heilserwar-
tung ein: Mensch und Kreatur werden solidarisiert, 'verschwistert'
durch ihr Geschaffensein am sechsten Schöpfungstag, durch die gemeinsam zu tragende Arbeitslast und gemeinsam erfahrene Sabbat-
Entlastung. Und entsprechend gibt es auch eine 'Sympathie' von
Mensch und Kreatur: ein Miteinanderseufzen und sehnsuchtsvolles
Sichausstrecken nach der letztendlichen Befreiung, nach der vollen Offenbarung des Heils (Röm 8,19-23). Diese im NT einzigarti-
ge Stelle vom Mit-Leiden und Mit-Erlöstwerden der Kreatur versteht
sich am besten als letzte Konsequenz aus dem atl., das Tier ein-
schließenden Sabbat.

Der hier entfaltete Sinngehalt des Sabbat widerspricht zunächst
in großer Nüchternheit aller kommunistischen Revolution, zumal
die 'Herren' die Adressaten des Gebotes sind. Vollständige und
dauernde rechtliche und wirtschaftliche Gleichheit wird nirgend-
wo als vom Menschen erreichbares Ziel angegeben; die Sabbat-Gebote
beschränken das absolute Gleichheitserlebnis auf einen wesentlichen Aspekt eines siebten Tages und setzen dabei eine Gesellschaft

---

1) In seinem oben erwähnten Aufsatz (siehe S.24) ist H.J.
   Boecker der Stellung des AT.s zu den Tieren nachgegangen. Er
   findet z.B. das Gefühl einer letzten Verbundenheit zwischen
   Mensch und Tier (Sabbat-Bestimmungen, Dtn 22,6), Belege, "bei
   denen Mensch und Tier fast formelartig nebeneinander genannt
   werden" (Ex 19,13; Ps 36,7; 1o4,14; Jon 3,7f), Belege, wo Gott
   sich den Tieren wie den Menschen heilvoll zuwendet oder sich
   mindestens an ihrem Leben interessiert zeigt (Sintflut-Erzäh-
   lung; Jon 4,11:"Und ich sollte nicht Mitleid haben mit der
   großen Stadt Ninive, in der mehr als 12oooo Menschen leben..
   und viele Tiere?"), ein Mit-Leiden des Tieres in Geschichts-
   und Naturkatastrophen (z.B. Jeremia 14,2-6) und die Vision eines letztendlichen Schalomzustandes zwischen Tier und Tier und
   Mensch und Tier (Jes 11,6-8). Vor allem betont er die Notwendigkeit, Gen 1,26-28 weniger als Sanktionierung brutaler Herrschaft
   des Menschen über die Tiere zu verstehen, vielmehr - gemäß der
   Herkunft des hebr. "rdh" - als Zuweisung einer verantwortlichen
   Leitungs- und Fürsorgefunktion, eines "Weidens".

mit Abhängigkeiten, von Herren und Knechten, von Oben und Unten
als selbstverständlich voraus.

C.F.v.Weizsäcker kommt in "Der Garten des Menschlichen" auf der
Basis naturwissenschaftlicher Erkenntnis zu ähnlichen nüchtern-
realistischen Feststellungen: "Gleichheit zwischen den Menschen
ist nie der Naturzustand...kann das Ergebnis einer der höchsten
sozialen Leistungen sein..., wenn die Menschen einander bewußt
als gleich anerkennen. Im realen menschlichen Leben kann die
Gleichheit nie voll hergestellt werden. Diejenige Rangordnung,
die auch die Vernunft nicht aufhebt, ist die Rangordnung der
Vernünftigkeit selbst. Das Verhältnis von Eltern und unmündigen
Kindern, von Lehrern und Schülern, von Arzt und Patienten, kurz
von Wissenden und Unwissenden kann nicht symmetrisch sein. Hier
tritt das ein, was die Religionen die Liebe nennen. Der Wissende behandelt den Unwissenden als im Kern seinesgleichen. Er
liebt auch den Partner, der sich real nicht als gleichgewichti-
ger Partner bewähren kann oder will." (S.58)

Freilich werden gerade die Herren als verantwortlich für das Wohl-
ergehen ihrer Untergebenen angesprochen. Das Sabbatgebot stellt
sicher, daß man die abhängigen Menschen nicht beliebig
und grenzenlos ausnutzen, auspressen, ausbeuten darf; der Sabbat
läßt eine ursprüngliche und letztendliche Gleichwertigkeit der Geschöpfe vor ihrem Schöpfer aufleuchten, mehr noch: Die prophetische Gesellschaftskritik, die sich leidenschaftlich für die Le-
bensgrundrechte der Armen und Bedrückten einsetzt, erhält u.a.
Impulse aus einem sabbatlichen Menschenbild, aus der 'Anthropologie des Sabbat', die einen künftigen Heilszustand vorwegnimmt.
Nur so ist Jesajas sozial gemeinte Forderung, die wie eine blitz-
artige Intuition anmutet, zu verstehen: "Das ist die Ruhe -
schafft Ruhe dem Müden!" Christen in politischer Verantwortung
entnehmen also dem biblischen Sabbatgebot die stete Verpflichtung, sich beharrlich gegen alle Eigengesetzlichkeiten liberaler
und kapitalistischer oekonomischer Systeme um relative soziale
Gerechtigkeit zu mühen, Unterschiede und Abhängigkeiten, Lasten
weitmöglichst zu mildern und Druck und Armut zu lindern.
Der Sabbat erinnert uns darüber hinaus an die Vorläufigkeit aller
sozialen Verhältnisse und ihre absolute Aufhebung im letzten Sabbat des Reiches Gottes.
Des weiteren sehen wir uns vom Sabbat her gemahnt, unsere Mitkrea-
türlichkeit anzuerkennen, eine hilfreiche Mahnung in einer Zeit,
da viele aufmerksam geworden sind auf die Kostbarkeit und

Verlierbarkeit des Lebensraumes, den der Schöpfer bereitgestellt hat. Dabei leitet das Sabbatgebot weniger zur bewußten, subjektiv empfundenen Tierliebe als vielmehr zur Wahrnehmung einer Verantwortung für die Tiere und Pflanzen und ihre elementaren Lebensbedürfnisse. Von daher müßte einer schrankenlosen Verfügungsgewalt des Menschen über das Tier, wie sie heute in den rationellen Formen der Tierzucht, in wissenschaftlichen Tierversuchen, in Jagd- und Schlachtungs'bräuchen' kraß und häßlich hervortritt, widersprochen werden. Der oben dargestellte Sinngehalt des Sabbat fordert ein Minimum an Solidarität und Mitgefühl mit allem Lebendigen und Geschöpflichen.

4.   Sabbat und Freiheit

Die deuteronomische Gesetzgebung weiß um einen weiteren Sinngehalt des Sabbat:

> ...Und du sollst daran denken, daß du Sklave warst im Lande Ägypten und daß Jahwe, dein Gott, dich von dort herausgeführt hat mit starker Hand und ausgerecktem Arm; darum gebietet dir Jahwe, dein Gott, den Sabbattag zu halten.
> - Dtn 5,15

Freilich ist der Begründungszusammenhang nicht ganz klar. Soll der Sabbat Israel daran erinnern, daß sein Gott ein starker Retter ist, der die Bedrückten aus dem Sklavenhaus Ägypten, aus den Fesseln drangsalierender Machthaber befreit hat? Ist also der wesentliche Inhalt des Sabbat Bekenntnis und Feier der Befreiung durch Jahwe aus Ägypten? Oder aber, auch dies wäre von der Struktur der Texte her denkbar, begründet die Reminiszenz an die ägyptische Sklaverei ausschließlich die vorhergehende Forderung, daß Knechte und Vieh "gleich wie du" - befreit - ruhen sollen: Die Israeliten haben am eigenen Leib erfahren, was es heißt, geknechtet zu sein, und also müssen die Herren mit ihren Knechten mitfühlen und ihnen aus diesem Mitgefühl heraus den Sabbat zugestehen können? Jedenfalls: Der Sabbat ist geschenkte Freiheit[1], Befreiung

---
1) Vgl. auch die Bestimmungen des Bundesbuches, wonach ein hebräischer Sklave nach sechs Jahren unentgeltlich "freigelassen" werden soll (Ex 21,2-6) und von Dtn 15,1-3, wo ein Schuldenerlaß im siebten Jahr, dem Sabbatjahr, gefordert wird.

von Druck, Lasten und Fesseln, und darum kann die Sabbatfeier
als ihren Betrachtungsgegenstand oder doch wenigstens als päda-
gogische Verstehenshilfe die Befreiung aus der ägyptischen
Knechtschaft heranziehen.

Den Aspekt der 'geschenkten Freiheit' im Sabbat hat N.Lohfink
in seinem wichtigen Aufsatz "Die Sabbatruhe und die Freizeit"
noch von einer anderen Seite her beleuchtet. Das Studium
außerisraelitischer Texte bringt an den Tag, daß die antike
Welt eine klare Verteilung von Arbeit und Muße hatte.
"Prinzip der Verteilung war die gesellschaftliche Schichtung
und die Verschiedenheit der Geschlechter. Arbeit war die Sache der Sklaven und der Frauen. Muße war der Lebensinhalt der
Männer, und zwar der freien Männer. Noch die mittelalterli-
chen Bildungssysteme und das Bildungsideal des Humanismus waren von der antiken Unterscheidung der 'artes liberales' und
der 'artes mechanicae' bestimmt...Auch im alten Orient waren
Arbeit und Muße zwischen denen da oben und denen da unten ver-
teilt. Doch die Unterscheidung zwischen denen 'da oben' und
denen 'da unten' kann, insbesondere für die mesopotamische
Welt, bei der Frage nach Arbeit und Muße nochmals in einem anderen Sinn verstanden werden. 'Die da oben' sind dann die
Götter, denen die Muße zugeteilt ist, und 'die da unten' sind
die Menschen, deren Daseinssinn die im Kosmos zu leistende
Fronarbeit ist. Fronarbeiter zu sein ist geradezu die Wesens-
bestimmung des Menschen." (S.395) In solcher Welt bedeutet
es eine revolutionäre Befreiung, wenn ein Volk - in seinem
zentralen Text, dem Dekalog, gleich nach dem Hauptgebot -
"wie eine Fahne das Gebot der Sabbatruhe vor sich herträgt."
(S.396) Damit wird die Verteilung von Arbeit und Muße auf die
da unten und die da oben aufgehoben[1] zugunsten einer Verteilung auf der rhythmisch gegliederten Linie 'Zeit'. Die Auftei-
lung also, die den Unterschied der Klassen letztlich erzeugt,
ist auf diese Weise beseitigt.
Besonders deutlich wird die genannte 'Befreiung' am Exodus
Israels aus Ägypten. Dort hatten die Israeliten, von den
Ägyptern "mit Gewalt zu Sklaven gemacht", die 'pervertierte
Arbeit' kennengelernt: "Die Ägypter [=die da oben!]machten ihnen das Leben bitter durch schwere Arbeit mit Lehm und Ziegeln
und durch alle mögliche Arbeit auf den Feldern [damit sind die
Hauptbereiche menschlicher Arbeit genannt: Lebenssicherung und
Kulturschaffen] und durch all die Arbeit, die sie ihnen auf-
grund von Gewalt leisten mußten." (Ex1,13f) Daher stöhnen die
Israeliten, und sie schreien zu Gott (Ex 2,23f). Israels Be-
freiung durch den Exodus besteht nicht nur im Loswerden der

---

1) Heute ist in mancher Hinsicht eine Umkehrung der alten
Rollenverteilung erfolgt: Die Freizeit scheint 'denen da
unten' garantiert; 'die da oben' arbeiten meist weit über
4o Stunden in der Woche und sterben oft den vorzeitigen
Herztod.

Ägypter, sondern im Kennenlernen der 'wahren Arbeit' und der 'wahren Ruhe'. Der Lernprozeß beginnt mit der Manna-Erfahrung Ex 16: Einfach und ohne Druck nur zu sammeln, was die Schöpfung anbietet, bedeutet eine qualitativ andere Arbeit, und dann kommt noch das überraschende Geschenk des siebten Tages dazu!

In summa: Dtn 5,15 fordert uns dazu auf , den Sonntag auch in der Weise der Rückbesinnung zu begehen; die freie Zeit gestattet, sich vergangener Geschichte zu erinnern und in ihr die wichtigsten persönlich erlebten Rettungen und Befreiungen Gottes wahrzunehmen und daraus und aus dem Sabbaterlebnis überhaupt Gott als den zu erkennen, der Retter und Befreier war (in der vergangenen Geschichte), ist (jetzt mittels des Sabbat) und sein wird (in der Zukunft und letztendlich), der also am Menschen wesentlich in der Weise des Befreiens handelt.

5. Sabbat: Geschenktes Land; Geschenkte Zeit

Eine weitere Bedeutung des Sabbat ist zu erschließen, wenn wir die Bestimmungen des Sabbatjahres (Ex 23,1of; Lev 25,1-7; Dtn 15, 1-15) miteinbeziehen.

Jahwe verfügt einen Verzicht auf die Bearbeitung und Nutzung des Ackerlandes in jedem siebten Jahr, das ein "Ruhejahr für Jahwe" sein soll: Äcker, Weinberge und Olivenpflanzungen liegen brach; der Ertrag des siebten Jahres darf nicht eingeerntet werden, sondern ist den Knechten und Tieren zu überlassen (Lev 25,1-7; Ex 23, 1of). Dahinter steht das Wissen, daß Jahwe der eigentliche Eigentümer des Landes ist (Lev 25,23) und daß "die Unmittelbarkeit dieser Beziehung in jedem siebten Jahr wiederhergestellt werden sollte, ohne daß durch das Dazwischentreten der Menschen, an die das Land vergeben worden ist und die das Land zu ihrem eigenen Nutzen bestellen, die Ruhe des Landes gestört würde"[1]. Restitutio mundi in integrum, eine Wiederherstellung des Ursprünglichen wird anvisiert[2]; Eingriffe des Menschen in die natürliche Welt haben zu unterbleiben; nichts darf zerstört und nichts aufgebaut werden. Der

---

1) Noth, Leviticus, S.163   2) Das Jobeljahr, Sabbat im Quadrat, dehnt diese restitutio aus auf die Wiederherstellung ursprünglicher Besitzverhältnisse (Lev 25,8ff).

verlangte Nutzungsverzicht im siebten Jahr demonstriert, daß
Jahwe Herr und Ver-Geber von allem Land ist. 'Eigentlich' gehört
das Land ihm. Zum Zeichen dafür bleibt es dem Zugriff des Menschen
jedes siebte Jahr entzogen!
In Parallele dazu die Zeitbrache des siebten Tages: "Indem das
Ruhetagsgebot den gierigen Griff nach aller Zeit zurückweist und
zum Nutzungsverzicht anleitet, wird Jahwe als Herr und Geber auch
aller übrigen Tage bezeugt."[1] Von daher verbietet sich, daß
Jahwe-Verehrer die Zeit grenzenlos ausbeuten und ausnutzen.
Welcher Lebensstil sich daraus ergibt, das zeigte unser zweites
Kapitel über die Brot-Bitte des Vaterunsers auf (siehe S.3ff).

6.   Sabbat: Betrachtung und Feier der Schöpfung

In Ex 2o,11 wird das Sabbatgebot mit der Ruhe des Schöpfers am
siebten Tag begründet, mit der Erinnerung daran,

> ...daß in sechs Tagen Jahwe Himmel und Erde gemacht hat und
> das Meer und alles, was darinnen ist, und ruhte am siebten
> Tag. Darum segnete Jahwe den Sabbattag und heiligte ihn.

In Ex 31,17 bemerkt die Priesterschrift darüber hinaus noch an-
thropomorphistisch, daß Jahwe am siebten Tag "aufatmete".
Hier wird die menschliche Sabbatruhe, anknüpfend an Gen 2,1-3, in
einer Analogie zum Sabbat des Schöpfers gesehen. Gott höchstselbst
hat am Sabbat von seinem Werk geruht, am Sabbat seine Schöpfung
gefeiert; Grund genug, daß der Mensch, dem diese Schöpfung mit allem Notwendigen und vielem Schönen übergeben ist, mitfeiert; Grund
genug, daß der Mensch in seiner Weise als homo creator an allen
siebten Tagen Abstand und Ruhe nimmt und eigene gute Kreationen
feiert. Eine klarere Evidenz menschlichen Verhaltens als die völlige Entsprechung zu einer göttlichen Verhaltensweise wird man
sich schwerlich vorstellen können. Was bei Gott gilt, ist unbedingt wahr.

> Eine apokalyptische Schrift, das Jubiläenbuch, zeitlich wohl
> zwischen den beiden Testamenten, bringt das so zum Aus-
> druck, daß sie Gott nach vollbrachter Schöpfung gebieten
> läßt, man solle mit ihm Sabbat feiern, wie die Engel im

---

1) H.W.Wolff, Anthropologie, S.2o3

Himmel, so die Israeliten auf der Erde (2,19-21). Eine ähnliche Vorstellung liegt wohl der Vaterunser-Bitte zugrunde: "Dein Wille geschehe wie im Himmel so auf Erden".

Will der Mensch, Gottes Ebenbild, den Sabbat wesentlich begehen, hat er auf den göttlichen Sabbat zu sehen.

Zunächst stellen wir mit Westermann fest, daß Gen 2,1-3, der Schöpfungssabbat, auf den Leser wie ein krönender, fast liturgisch klingender Schlußakkord wirkt; die Vollendung der Schöpfung ist ja auch nicht mit der Erschaffung des Menschen, sondern - Gen 2,2 - mit der 'Ruhe' erreicht: Gott ruht "weg von all seinem Werk". Mit dem hebräischen "min" (= "weg von") in bezug auf die Werke ist eindeutig das völlige Abstand-Nehmen bezeichnet: Gott füllt den Sabbat mit etwas ganz-Anderem, das keine Ähnlichkeit mit dem Werkschaffen hat. Von daher bezieht unser Sonntag-Lebensstil des Sich-Ablenkens, Abschaltens, Etwas-völlig-anderes-Treibens sein relatives Recht.

Doch scheint das "min", das Ruhen-weit-weg-vom-Werk noch eine zweite Bedeutung zu haben und den Sabbat doch auch wieder in Beziehung zum Geschaffenen zu setzen: Der weite Abstand, räumlich oder seelisch gedacht, ermöglicht gerade die 'überblickende' Betrachtung des Gegenstands oder Geschehens, von dem man Abstand genommen hat. Er sichert die angemessene Erfassung und Wertung des Ganzen[1]. Der Sabbat ist also durchaus auch auf geschaffene Schöpfung bezogen; Schöpfung wird erst durch die Betrachtung aus der Distanz und Ruhe-Lage in ihrem Wert scharf und deutlich wahrgenommen. Nur so drückt sich ihr Bild unverwackelt und unverzerrt auf den Film unserer Seele ein. Sehr deutlich zeigen dies die jeweiligen Feier-Abende des Schöpfers; erst sie ermöglichen es ihm, seine einzelnen Werke zu betrachten, zu bewerten und für gut bzw. sehr gut zu befinden. Aktion und Kontemplation schließen sich gegenseitig aus: Schaffend kann Gott nicht schauen, schauend kann Gott nicht schaffen.

---

1) Zu verdeutlichen an Alltagserfahrungen: Eine Geschichtsepoche versteht man erst nach geraumer Zeit im Rückblick, einen Lebensabschnitt viele Jahre danach, ein Fußballspiel im Fernsehen erfassen wir in der Totalen, nicht in der Großeinstellung, die uns sehr nahe an das Geschehen heranführt.

Die Feier-Abende lassen die Schöne der einzelnen Schöpfungen feiern. Der Sabbat gestattet die Gesamtwertung und Feier des Ganzen: Feier-Tag.

Er ist also der geschenkte Zeit-Raum, in dem sich uns alle "die Schönheit Himmels und der Erde" erschließt. Wenn wir zur Benennung des hier entdeckten Sabbatverhaltes das Wort 'feiern' verwenden, so geben wir dem Feiern diesen Sinn: in einer Haltung der Ruhe Abstand nehmen von einer von Gott oder Menschen geschaffenen Sache, aber gerade so diese Sache überblicken und recht, in ihrer Schönheit und Sinnhaftigkeit wahrnehmen, ja hinter dem, was als schön und gewaltig imponiert und in ehrfürchtiges Staunen versetzt, den Schöpfer erkennen.

Die biblischen Schöpfungstraditionen einschließlich des Schöpfungssabbat lehren, daß Gott unser Dasein in eine Polarität zwischen Werktag und Feiertag gesetzt hat. Sie lehren nicht, daß die Ruhe besser als das Werk und höchstes Gut des Lebens sei, sondern sie bekennen und erklären das Werkschaffen und das Ruhen als aufeinander bezogene Lebensvollzüge, beide gleichermaßen notwendig als Momente des Lebensrhythmus. Sie verkünden den 6+1-Takt als lebensfreundlich: 6 Zeiteinheiten schaffen - 1 Zeiteinheit ruhen und feiern. Sie gebieten und bieten an Ruhe und Feierlichkeit dem werkschaffenden Menschen, und sie verlangen, daß der feiernde Mensch zuvor sinnvolle Werke geschaffen habe. Nur beides zusammen ergibt erfülltes, gottebenbildliches, ganzheitliches Leben. Sowohl der nimmermüde, rastlose Mensch als auch der arbeitsscheue Gammler, der stets nur "die Vögel unter dem Himmel betrachtet", verkürzen - gemessen an Gen 1-2 - ihr Leben. Wo nichts geschaffen wurde, gibt es auch nichts zu betrachten und zu feiern. Freilich schließt dieser lapidare Satz auch wieder ein, daß <u>Gottes</u> Schöpfung auf alle Fälle zu feiern ist, auch von Menschen, die zum eigenen Werk nicht mehr fähig sind.

Des weiteren fordert der Schöpfungssabbat eine bestimmte Qualität sowohl unseres Arbeitens als auch unseres Ruhens.

Wir hatten in diesem Kapitel, gedrängt vom Sinngehalt der entsprechenden biblischen Überlieferungen, die Vokabel "arbeiten" durch qualifizierendere Worte wie 'Werke schaffen'

34

etc. zu ersetzen. Die 'Produkte' von Gen 1 zeichnen sich dadurch
aus, daß sie den Lebensraum des Menschen und die Zeit sinnvoll
strukturieren (V.3-1o.14.16-19), daß sie dem Menschen dienen
(und den Tieren! V.3o), Lebensunterhalt ermöglichen (V.11-13.
2off) und Hilfe und Orientierung gewähren (V.15).
Die feierliche Betrachtung an Feierabend und Feiertag bezieht
sich auf sinnvolle, evident gute Hervorbringungen eines weisen,
schöpferischen Geistes. So fordert der Sabbat indirekt, daß auch
die menschliche Arbeit möglichst ins Schöpferische gehoben werde,
daß dem Arbeiter die Sinnhaftigkeit seiner Produkte einsichtig
sei, daß sie den wahren Bedürfnissen der Menschen dienen, daß
etwas von der göttlichen Schaffenslust und Freiheit in die menschliche Arbeit hineingetragen werde, daß menschliche Arbeit "Tohu-
wabohu", wie immer es sich zeigt, klären und ordnen hilft.

Zugleich zeigt der Sabbat das ursprüngliche Wesen der Feier und
liefert die Kriterien für eine hilfreiche und heute besonders
notwendige Unterscheidung von Feier und Fest.
Daß die Theologie in den vergangenen Jahren immer wieder für ein
'festliches' Leben optierte, die Bedeutung der 'Feier' für das
heile Leben der Christen aber ziemlich verkannt hat, scheint mir
symptomatisch zu sein für eine gewisse Oberflächlichkeit einer
weit verbreiteten Lebensauffassung.

J.Moltmann, Neuer Lebensstil, S.91, beschreibt den Unterschied
zwischen Fest und Feier am Beispiel Gottesdienst wie folgt:
"Eine Feier wird durch Unvorhergesehenes nur gestört. Das Fest
aber ist offen für spontane Einfälle und von außen kommende Zu-
fälle. Sie sind im Fest keine Störungen, sondern Überraschun-
gen. Am Fest können auch Fremde teilnehmen. Für ein Fest wird
nur der Rahmen vorher geplant. Was an ihm passiert, ist Sache
der Teilnehmer selbst. Das Fest erweitert also die traditio-
nell fixierten Elemente der Feier um freie Spielräume für
spontane und kreative Beiträge. Wenn wir den christlichen Gottesdienst messianisch verstehen, werden wir seine Feier mit
Elementen des Fests und seine gehobene Feierlichkeit durch die
spontane Festlichkeit erweitern müssen. Dann wirkt er anstek-
kend auf die Festlichkeit des alltäglichen Lebens."
Die phänomenologische Richtigkeit dieser Feststellungen sei
ebensowenig bestritten wie die positiven Möglichkeiten des
Festes. Doch übersieht Moltmann hier die große Chance gerade
der Feier: daß der Mensch in ihr zur Ruhe und zur klaren Betrachtung des Schönen und in eine existentielle Tiefe kommt,
in der er offen ist für den Anspruch des Ewigen.

Die Feier, wie sie in der Schöpfungsgeschichte vernehmbar wird, basiert auf der Ruhe und der ruhigen Betrachtung des geschaffenen Schönen. 'Ergriffenheit' ist ihre Innenseite: Der betrachtende, andächtige Mensch wird von der Herrlichkeit Gottes er-griffen. Gott 'greift' in tiefe 'seelische' Schichten des Menschen ein und 'stimmt' ihn im besten Sinne des Wortes 'um'.

Viele Feste unserer Zeit ermangeln durchaus der existentiellen Tiefe und des transzendenten Bezuges; sie gehen in lauter, plumper Geselligkeit ohne nachhaltige Wirkungen einher. Sie bereiten vielleicht Vergnügen, aber nicht unbedingt tiefe Freude; sie führen im günstigen Fall mit Menschen zusammen, aber nicht notwendigerweise mit Gott. Zum Fest bedarf es mindestens einiger gleichgestimmter Menschen; zu einer Feier sieht sich auch ein einsamer Mensch befähigt in dem Maße, als er sich für das Schöne und Erhabene öffnet, es auf seine Seele einwirken zu lassen. Die Feier erhebt zur Ruhe bei Gott; den Festen eignet eher eine an-diese-Erde-bindende Kraft.

Gerade die Passivität (richtiger: die Empfänglichkeit) des feiernden Menschen im Gegensatz zum aktiven, sich-äußernden homo festivus ist eine Voraussetzung für den Zu-Griff Gottes, für Gottes Wirken an ihm. So gesehen, gerät auch der für die Passivität seiner Teilnehmer vielgeschmähte Gottesdienst von heute unvermutet in ein freundliches Licht. Auf dem Nürnberger Kirchentag 1979 sollen die Abendgebete und -meditationen die am meisten gesuchten und geliebten 'Veranstaltungen' gewesen sein: Sie gewährten Zeiten des Schweigens und Empfangens. Post festum ging nahezu alles Unbehagen und viel Kritik - mit Recht - gegen den beunruhigenden, verwirrenden und entnervenden 'Markt der Möglichkeiten'. Der passive, nämlich auf Empfang eingestellte Sabbatruhe haltende Mensch ist in gewisser Weise vorbereitet, prädisponiert für göttliche, 'offenbarte' Wahrheit. Vielleicht mit diesem Hinter-Sinn begegnet Mose nach Ex 24,16 Gott-Jahwe am "siebten Tag" und führt Jesus drei ausgewählte Jünger "nach sechs Tagen" auf den Berg der Verklärung. Der siebte Tag ist von seinem Charakter als Feiertag her auch der Tag der besonderen Nähe zu Gott.

Der Feiertag, wie wir ihn in der Schöpfungsgeschichte erkennen, animiert also dazu, die Güte und Schönheit der Schöpfung in
Ruhe-Lage auf sich wirken zu lassen und wahr-zu-nehmen, im Sinne
der Betrachtung und der existentiellen Verwirklichung. Er leitet
an, bewußt in dieser Schöpfung und mit dieser Schöpfung zu leben.

Als Reflexe solcher Wahr-Nehmung sehe ich etwa die wundervol-
len Psalmen 8 und 1o4 an, Sabbat-Psalmen, wie ich sie nennen
möchte.

Interessant scheint mir in diesem Zusammenhang eine Bestimmung der Mönchsgemeinde in Qumran; nach 1 QS 1o,5 gehört der
Sabbat zu den Festzeiten, in denen in besonderer Weise der
Schöpfer lobgepriesen werden soll. Basiert diese Bestimmung
auf alter Tradition? Vgl. auch 2Makk 8,27; äth Hen 41,7; 63,5f.

Die genannten lobpreisenden Psalmen spiegeln etwas von dem unge-
heuren Staunen, das den sabbatlichen Betrachter erfaßt: die ge-
samte Schöpfung, der Kosmos und die Gestalt der Erde, die Lebe-
wesen Menschen, Tiere, Pflanzen stehen in ihrer Vielfalt und
Schönheit, in ihrer Ordnung und gegenseitigen Zuordnung vor Augen. Ursprüngliche, elementare Lebensabläufe werden beschrieben,
die besondere Würde des Menschen als vornehmsten Geschöpfes in
einzigartiger Verwunderung festgestellt, das Glück des Menschen
verkündet, dessen Sinne (Augen, Ohren, Geschmack, Hautempfindung)
sich mit dem von Gott Geschaffenen und Bereitgestellten unmittelbar berühren. Staunend wird der Mensch 'am Sabbat' zweier Gaben
Gottes gewahr: 1. der göttlichen Vor-Gaben, die er mit seiner
Schöpfung bereitgestellt hat (z.B. Licht, Wärme, Wasser, Pflanzen, Früchte, Ackerboden, Nutztiere etc.); 2. der Gaben sprich
Möglichkeiten, die Gott in die Krone der Schöpfung, den Menschen,
hineingelegt hat. Sie entzünden sich gerade an den Vorgaben der
Schöpfung und entfalten sich als 'schöpferische' Antwort auf die
große Schöpfung Gottes, u.a. in den drei von Ps 1o4 genannten
Sabbat-Äußerungen:

> Ich will dem Herrn mein Leben lang <u>singen</u> ["šîr"] ;
> ich will meinem Gott <u>spielen</u> ["zmr"Piel], solange ich bin;
> möge mein <u>Dichten</u> ["śîh"] ihm gefallen.[1]   - V.33f

---

1) Vgl. Paul Gerhard: "Ich selber kann und mag nicht ruhn; des
  großen Gottes großes Tun erweckt mir alle Sinnen; ich singe mit,
  wenn alles singt, und lasse, was dem Höchsten klingt, aus meinem Herzen rinnen." (EKG 371,8) Hier ist der Übergang von der
  Ruhe zur Feier des Sabbat beschrieben.

Alle drei Lebensäußerungen sind konkrete Gestalt der Freude und
des Lobpreises Gottes, nichts anderes, denn der Psalm fährt fort:
Ich bin so fröhlich in dem Herrn ...Hallelujah!
Indem der Mensch in Gesang, Musik, Spiel und Poesie die Kunst des
Schöpfers feiert, avanciert er selber zum kleinen Künstler, zum
'schöpferischen Menschen'.

> Singen und Musizieren "rinnt" gleichsam automatisch "aus dem
> Herzen" wie das Ausatmen nach dem Einatmen: "ich selber kann
> und mag nicht ruhn". So ant-wortet der Mensch im Lobpreis auf
> das schöpferische Wort Gottes.
> Mit seinen Einfällen, seiner Phantasie und seiner Lust
> spielend, spiegelt der Mensch die überschwengliche Freude,
> aus der Gott die Welt erschaffen hat. Sie hätte nicht sein
> müssen, aber Gott hatte Freude an diesem 'Spiel'.
> Im 'Dichten' klärt der Mensch das Diffuse, das Trübe, das nur
> halb bewußte Empfinden der Seele, gibt seinen Sinneswahrneh-
> mungen und Gefühlen eine schöne Gestalt und Ordnung, die der
> Ordnung entspricht, die Gott in seiner Weisheit der Schöpfung
> eingestiftet hat. Der 'Dichter' erfährt das Glück eines gelun-
> genen Sich-zu-erkennen-Gebens - subtilste Sinneseindrücke und
> Erlebnisse der Seele werden im 'Gedicht' (das Wort in seinem
> weitesten Sinne) annäherungsweise mitteilbar.

Die biblischen Schöpfungspsalmen favorisieren eine Kunst, die die
ursprüngliche und letztendliche Herrlichkeit des Lebens als von
Gott geschenktes gegen manche vom Menschen verschuldete Verderb-
nis 'dennoch' verkündet.

Zu ganz ähnlichen Konsequenzen aus dem Schöpfungssabbat kommt
N.Lohfink in seinem Aufsatz "Die Sabbatruhe und die Freizeit",
eine andere biblische Linie verfolgend. Seine Untersuchung ist
geleitet von der Sorge, der tiefe Sinn des Sabbat könnte trotz
erweiterter Freizeit in einer Gesellschaft verlorengehen, in
der - durch die 'Freizeitindustrie' - "die Freizeit zu einem Ver-
sklavungssystem neuen Typs" entartet (S.398). Hier verdient die
Sabbatbotschaft der Priesterschrift erhöhte Aufmerksamkeit. Sie
fordert, den Sabbat zu etwas Heiligem zu machen (vgl. Gen 2,3),
zu etwas, was mit Gott zu tun hat. Lohfink interpretiert in diesem Zusammenhang die Segnung des siebten Tages durch den Schöpfer
in einer reizvollen, durchaus diskutablen Weise: Gott legt in
seine Schöpfung die Kraft hinein, "mit siebten Tagen fruchtbar zu
werden, immer neu siebte Tage, **Tage der Ruhe und der Heiligung**

hervorzubringen...Im Gegensatz zu den anderen Tagen vorher folgt
nun aber keine Ausführungsformel: 'und so geschah es' ...Dieser
Segen schwebt noch gewissermaßen frei im Raum zwischen Gott und
seiner Schöpfung und hat sich noch nicht auf sie niedergelassen."
(S.4o2)
An sich wissen wir über Form, Inhalt und Sinngehalt einer kultischen Sabbatfeier im atl. Israel nichts. So ist uns z.B. kein
Gottesdienstformular überliefert - nur indirekt läßt sich einiges
erschließen, wie wir es aus Gen 1-2, Ps 8 und Ps 1o4 versucht haben.
Weitreichende Schlüsse nun zieht Lohfink aus der von uns oben
schon notierten Beobachtung, daß Mose am siebten Tag von Gott ge-
rufen wird: "Das Zahlenspiel 'sechs-sieben' erscheint im Zentrum
der Aussage über das Herabsteigen der Wolke auf den Berg Sinai:
'Die Wolke bedeckte den Berg. Die Herrlichkeit Jahwes ließ sich
herab auf den Berg Sinai. Die Wolke bedeckte ihn sechs Tage lang.
Am siebten Tag rief er mitten aus der Wolke Mose herbei. Für die
Augen der Israeliten war die Gestalt der Herrlichkeit Jahwes einem Feuer zu vergleichen, das den Gipfel des Berges auffraß. Doch
Mose ging mitten in die Wolke hinein und stieg auf den Berg hinauf' (Ex 24,15b-18a). Das ist es, was am siebten Tag hier urbild-
lich geschieht: Da wird ein Mensch ins Feuer hineingerufen, in
das den Weltenberg schmelzende und fressende Licht der Gottheit.
Der siebte Tag als die Berührung des Geschöpfs mit dem Heiligen
und Schrecklichen, weil so ganz anderem. Mose muß dazu auf den
Berg hinaufsteigen. Doch allen soll diese Begegnung zuteil werden,
und damit dies geschehen kann, wird das Heiligtum gebaut, und die
Herrlichkeit Jahwes erfüllt für immer das Heiligtum." (S.4o5)
Die Kommunikation zwischen Gott und Mose, der in die Wolke ein-
tritt und den Himmel: Gottes Heiligtum schaut, erscheint als ty-
pische, urbildliche Darstellung eines Sabbatfeiererlebnisses.
Sabbat ist als die Zeit verkündet, die theophanieartige Erfahrun-
gen, vor allem im Rahmen des Gottesdienstes, begünstigt.
   In der Erzählung von der Verklärung Jesu (Mk 9,2-8) hat das
   NT dieses Element aufgenommen, wenn es heißt, daß Jesus "nach
   sechs Tagen" die Jünger mit auf einen hohen Berg geführt habe.
   Die Wahrheit der mir so genannten theophanieartigen Wunder
   'Aufleuchtungswunder' (Wesen und Wirklichkeit der Wunder

Jesu, S.77ff) erschließt sich dem Christen heute demgemäß am ehesten in geheiligter Sabbatzeit.

Eine weitere P-Überlieferung bestätigt den Zusammenhang von Sabbat und Theophanie: Ex 39,32.43; 4o,17.33b.34 schildert die Vollendung der Arbeit am Heiligtum in ziemlich genauer Parallele, bis in den Wortlaut hinein, zur Vollendung der Weltschöpfung Gen 1-2!

Dabei entspricht der Vollendung der Weltschöpfung in Gottes Ruhe das Herabsteigen der Herrlichkeit Gottes ins Heiligtum. Lohfink resümiert: "Die Ruhe Gottes, die Ruhe des Menschen, die Begegnung mit Gott im Feuer, die liturgische Begegnung im Heiligtum - all das gehört zusammen..." (S.4o6)

Ein Zweites scheint bemerkenswert. Lohfink entnimmt aus Ex.35, 5; 35,21.26; 36,2.4 mit Recht, daß hier eine Anti-Arbeitswelt gegen die Welt der schuftenden Arbeitssklaven Ägyptens gezeichnet wird: eine Arbeitswelt der Freiwilligkeit,des Zurverfügungstellens, der Spontaneität und des Zumzugekommens der jeweiligen Begabung. "Die menschliche Arbeit [sc. vor allem das Kulturschaffen und die Baukunst] ist Fortsetzung der Schöpferarbeit Gottes...führt die göttliche Arbeit also fort, indem sie die Erde auf den Himmel hin verwandelt" - diese Interpretation Lohfinks (S.4o6) ergänzt auf das schönste unsere Feststellungen zu Gen 1-2.

Dies gilt auch für einen der Schlußsätze des Lohfink-Aufsatzes, wonach die Sabbatruhe "sich selbst als Ruhe übersteigen will und sich verwandeln will in die Feier, d.h. in die Begegnung mit dem Feuer von jenseits." (S.4o7)

Folgende Linien wären somit m.E. vom Schöpfungssabbat zum Sonntag des Christen zu ziehen:

a) Der Christ kann es nicht dabei bewenden lassen, daß die Sonntage zu Tagen des Vergnügens, des Konsums und des Weglaufens von sich selbst - ohne Tiefgang - geworden sind.

b) Der Sabbat als ein Moment nur im 6+1-Takt der biblischen Zeit hilft in den rechten Rhythmus des Lebens. Er favorisiert keineswegs den kontemplativen gegen den schaffensfreudigen Menschen, sondern den ausgewogenen Menschen im natürlichen 6+1-Takt.

Der 6+1-Takt würde, auf ein allgemeines Lebensprinzip (etwa gegen das pure Leistungsprinzip) ausgeweitet, bedeuten: 6 Stunden Arbeit, dann 1 freie Stunde; 6 Tage Arbeit, dann 1 Feiertag; 6 Monate Arbeit, dann ein Urlaubsmonat; 6 Jahrzehnte Schule und Berufsarbeit, dann 'Feierabend' des Lebens.

Der biblische Sabbat unterzieht moderne, 'künstliche' Meditationsformen und Entspannungstechniken wie z.B. Yoga, Autogenes

Training etc. sogar der Kritik. Denn das von ihm geschenkte Ruhen und Feiern bedarf keiner bestimmter, oft schwer zu lernender
Techniken, die man genau kennen und einüben muß, sondern lediglich des Gegenübers der göttlichen Schöpferherrlichkeit und des
aus dem Beschaulich-Soin fließenden menschlichen Kunstschaffens.
Letzteres stellt keine Verletzung der Sabbatruhe dar. Doch verlangt es seinerseits eine Zeit der Betrachtung. Ein Gefühl der
Seligkeit stellt sich erst dann ein, wenn wir - wie der Schöpfer -
zur Betrachtung unserer Schöpfungen kommen.

Das Sabbatprinzip ist denkbar einfach, voraussetzungslos, jedem
erschwinglich.

c) Singen, Spielen und Dichten als spontane, aus der Sabbatruhe
fließende 'authentische' Lebensäußerungen sind hochzuhalten wie
überhaupt das Musische und alles kreative, lustvolle Schaffen.

> Der Direktor des physikalischen Labors der Philips-Werke in
> Eindhoven sagte einem Psychologen: "Sie können hier für meine
> Laborleute keine guten psychologischen Tests machen. Denn was
> Sie mit Ihren Tests hervorbringen, das sind alles fleißige
> Leute. Wir aber können hier keine fleißigen Leute gebrauchen.
> Was wir brauchen, das wären Leute, die sich gegenseitig gut
> verstehen, die herumgehen, die die Füße auf den Tisch legen,
> die nichts tun. Solchen Menschen würde ich gerne mein Labor
> anvertrauen. Denn wir müssen erfinden, und dazu muß man nicht
> fleißig sein, man muß etwas auf sich zukommen lassen können.
> Man muß von einer bestimmten Richtung her eine empfindsame
> Passivität in sich entwickeln."
> Wo man schnell sein will, darf man nur funktionieren. Da muß
> man noch dieses und jenes tun, hat keine Zeit zum Nachdenken,
> zum Überprüfen, es zählt nur, was gelernt wurde, und nicht der
> originäre Eindruck. Das Leben wird zum Klischee. Da wird es
> nötig, durch das Musische zur Besinnung zu kommen, die Welt
> im musischen Sinn auf uns zukommen zu lassen.
> (Quelle der hier mitgeteilten Gedanken nicht mehr festzustel-
> len).

Als Menschen haben wir ein Verlangen, das Musische in sinnlich
erfaßbaren Formen auszudrücken. Im Malen, Modellieren, Schreiben,
Sprechen werden wir uns selber klarer, stellen uns mit einem Ge-
mälde, Gesang, Gedicht, schriftstellerischem Gebilde (schon Tage-
buch, Album), Gespräch selber objektiv vor uns hin. Wir bringen
uns so zum 'Ausdruck' und teilen etwas von uns mit. Zunächst
gleichsam tiefgefroren, kann ein Ge-Dicht von einem, der es brau-
chen will, zu beliebigen Zeitpunkten 'aufgetaut', d.h. aktuali-
siert, in An-Spruch genommen werden.

41

d) Wie der Schöpfungssabbat sich auf das schöpferische , freiwillige , sinnvolle und einfallsreiche Werk Gottes bezieht, so fordert er heute einen möglichst hohen Grad von Sinnhaftigkeit und Kreativität menschlicher Arbeit.

7. Sabbat und letztendliches Heil

Wer immer etwas über ein letztendliches Heil von Gott aussagen will, das alles bis dahin von der Menschheit Erfahrene übersteigt, findet keine völlig angemessenen Worte mehr, sondern allenfalls Gleichnisse, Bilder, Symbole, die in die Richtung weisen, herausgegriffen aus der hier und heute zuhandenen und erfahrbaren Welt. Er gibt damit zu verstehen, daß 'Ewiges Leben' ungeachtet seiner totaliter-aliter-Qualität doch irgendwie eine Ähnlichkeit mit unseren irdischen Glückserfahrungen aufweisen wird, und umgekehrt, daß letztere etwas mit dem 'Ewigen Leben' zu tun haben, indem sie Aspekte davon zum Vor-Schein bringen.

Nach allem Bedachten erstaunt uns nicht, daß schon das AT in seinen Aussagen über letztes Heil die Sabbat-Vorstellung zu Hilfe nimmt.

Der königliche Prophet von Jes 61,1-3, der einem depressiven Israel eine große Zeitenwende, eine außerordentliche, gnädige Zuwendung Gottes für die nahe Zukunft ankündigt, erkennt als ein wesentliches Element seines Auftrages von Gott: "auszurufen für die Gefangenen Freilassung und für die Gefesselten Öffnung; auszurufen ein Gnadenjahr Jahwes, einen Tag der Vergeltung unseres Gottes". Gleichgültig was damit konkret gemeint ist - hier wird das 'Sabbatjahr' (das "Gnadenjahr" mit der "Freilassung" ist natürlich Anspielung auf das Sabbat- und Jobeljahr Lev 25,1o) in einem übertragenen, nicht mehr wörtlichen Sinn erwartet. Es erscheint ja parallelisiert mit einem "Tag der Vergeltung unseres Gottes" (Theologumenon des Tages Jahwes); 'Tag' und 'Jahr' von Jes 61,2 sind aber nur dann zur Deckung zu bringen, wenn sie nicht die Dauer einer Zeit, sondern allgemein eine Zeitwende meinen.

42

Das Wesentliche des Jobeljahres (Lev 25) war die restitutio in integrum, die Wiederherstellung der Besitzverhältnisse, und zwar hinsichtlich des Grundbesitzes wie auch des Besitzes an Menschen (Sklaven). Sie erfolgte im Rahmen einer "d^{e}rōr" (=Freilassung) auf Anordnung Jahwes, des Eigentümers des Landes (Lev 25,1o), erstreckte sich auf alle Bewohner des Landes und ermöglichte praktisch den durch Verschuldung unfrei gewordenen Familienvätern die Rückkehr zur Sippe und zum Besitz.

An dieses gewaltige 'Sabbat-Erlebnis' der geschenkten Freiheit erinnert der Prophet, um die ungeheuere Intensität des mit dem letztendlichen Heil verbundenen Befreiungserlebnisses gleichnishaft anzudeuten. Die letztendliche, von Jes 61,1-3 angesagte Befreiung umfaßt sehr viel mehr als den sozialen Bereich; sie schließt eine umfassende, leibliche und seelische Erlösung des Einzelnen mit ein, dessen Erlösungsbedürftigkeit sich nun nicht einfach aus seinem sozialen Status ergibt: Im parallelismus membrorum, in gleichgeordneten Infinitiven stehen die Wendungen "frohe Botschaft den Armen zu bringen"; "zu verbinden, die zerbrochenen Herzens sind"; "zu trösten alle Trauernden".

Auch das für den Sabbatvollzug u.a. verwendete Verbum "nū^{a}ḥ" (="ruhen") gewinnt eschatologische Relevanz. 'Ruhe' erscheint wie 'Frieden' und 'Gerechtigkeit' als eine Weise des Heils; der Terminus "m^{e}nūḥā" bezeichnet das Zur-Ruhe-Kommen im verheißenen Land, die Ruhestatt (vgl. nur Dtn 12,9f; 25,19; Ps 95,11 u.a.), die Ruhe vor äußeren Feinden (2Sam 7,1.11; 1Kön 8,56 u.a.), den sozialen Frieden und Gerechtigkeit (Jes 28,12) und schließlich auch - endzeitlich - erlöstes Dasein in einem umfassenden Sinn (vgl. Jes 14,3; 32,18 "ungestörte Ruhestätten").

Die 'Ruhestatt' als Begriff des Heils finden wir bereits in einem sehr alten Text, der jahwistischen Erzählung vom Ende der Sintflut (Gen 8,6a.2b.3a.6b.8-12.13b.2o nach v.Rad). Die Taube kehrt das erste Mal ergebnislos in die Arche zurück (V.9), nach weiteren sieben Tagen hat sie ein frisches Ölblatt im Schnabel, welches Zeichen die Hoffnung verstärkt (V.11), nach abermals sieben Tagen (beachte die 'Sabbat'-Zahl !) kehrt sie nicht wieder zurück (V.12), d.h. sie hat die "mānō^{a}ḥ" (Ruheort) gefunden. Die

"mānōaḥ" beendet hier definitiv und endgültig die Zeit des Unheils und zeigt sich als Rettung und Ort des Heils.

Das Jubiläenbuch, Pseudepigraph zur kanonischen Genesis (siehe
S. 32), stellt den Sabbat dann auch über alle anderen Festtage
(2,3o) und mißt ihm die Bedeutung der vorläufigen Darstellung des
Reiches Gottes bei: "Ein Tag des heiligen Reiches für ganz Israel
ist dieser Tag nämlich ... immerdar." (5o,9)[1] Am Sabbat hat sich
Israel in besonderer Weise zu heiligen, in einer reinen, makel-
losen Verfassung Gott gegenüberzutreten und ihn zu lobpreisen,
wie es auf Dauer erst in der Zeit der offenbaren Königsherrschaft
Gottes möglich sein wird.

Die ntl. Verheißungen und vorläufigen Darstellungen letzten Heils
sind immer wieder in sabbatliche Sprache gekleidet und knüpfen an
verschiedene Gehalte des atl. Sabbat an: Jesus ruft die "Müden
und Beladenen" zur Ruhestatt; Heilungen als Gottesreichereignis-
se geschehen bedeutungsvoll am Sabbat; ja, Jesus vollbringt sein
Heilswerk im "Gnadenjahr Gottes", die Jes 61,1-3 angesagte Zeit
als eingetreten verkündend (Lk 4,16ff); und Hebr 4 blickt dem
letztendlichen Heil entgegen mit der Erwartung: Es ist noch eine
Ruhe austehend.

Die Verwendung des Sabbat als Symbol letztendlichen, sonst nicht
sagbaren Heils erklärt sich aus gesammelten Erfahrungen Israels:
Keine andere Einrichtung, keine andere existentielle Erfahrung,
keine andere Weise des Seins hat dem Menschen offenbar mehr zum
erfüllten Leben gereicht als das Geschenk des Sabbat, der freien
Zeit. Wenn irgend etwas auf dieser Erde geeignet ist, Gleichnis
ewigen Lebens zu werden, dann die Wirklichkeit eines wahren Sabbat, wie er von Gott gedacht und geschenkt ist. Umgekehrt können
wir von wahrer und konsequenter Feier des Sabbat gar nicht genug
erwarten, nämlich Leben von ewiger Qualität, in Augenblicken ein-
gefangen, inmitten einer Welt der Mühsal aufscheinend; Transzendieren des Irdischen.

---

1) Vgl. zur Vorstellung des zukünftigen Äons als "Welt [bzw.
   "Tag"] , die ganz Sabbat ist" Tam 7,4; Mekh.Ex 31,12f; Targ.
   Jer II Ex 2o,2.

44

IV   DER SABBAT JESU

In den meisten Darstellungen des Sabbat Jesu finde ich ein grund-
legendes Mißverständnis, welches seinen Schatten über die einzelnen Sabbat-Stellen wirft: Jesus hätte danach ein wesentlich nega-
tives Verhältnis zum Sabbat gehabt; der Sabbat, Hindernis für das
endzeitliche Heil, wäre von Jesus entweder in messianischer Vollmacht souverän gebrochen worden oder aber: Jesus hätte dem Sabbat-
Prinzip ein höheres Prinzip, etwa das der Humanität oder Barmherzigkeit, übergeordnet.
In Wahrheit hat Jesus den Sabbat weder gelegentlich durchbrochen
noch aufgelöst, sondern erfüllt, "aufgerichtet" (Mt 5,17) , hat
ihm seinen ursprünglichen Sinn zurückgegeben und seinen letztendlichen aufgedeckt.
Dies wird nun im einzelnen zu zeigen sein.

1. Ruhe - das messianische Heilsgut

Isoliert betrachtet, könnte eine Überlieferung wie Mt 12,1-8 den
Eindruck erwecken, Jesus habe den Sabbat als Störfaktor in den
messianischen Heilsprozessen ausgeschaltet.
Doch zeigen schon einfache Beobachtungen, daß Jesus dem Sabbat
positivere Bedeutung zugemessen hat. Die Evangelien etwa wissen,
daß Jesus den synagogalen Sabbat-Gottesdienst wie selbstverständlich besuchte, und nach Lk 4,16ff hat er seinen Auftrag im Rahmen
eines Sabbatgottesdienstes bekanntgemacht. Die Urgemeinde und der
Apostel Paulus sind in der Spur Jesu geblieben: Die Urgemeinde
hat offenbar wie an anderen jüdischen Bräuchen auch am Sabbat
festgehalten (vgl. Mt 24,2o; Lk 23,56), und Paulus begann seine
Verkündigung auf seinen Missionsreisen jeweils im synagogalen
Gottesdienst (vgl. Apg 13,14ff.27.42.44; 16,13; 17,2; 18,4; 15,
21).

Einem erstaunlicheren Sachverhalt begegnen wir in Mt 11,28! Hier
zeigt sich, daß Jesus in der 'sabbatlichen Ruhe' eine Art Quintessenz der von ihm gebrachten Heilsgüter sah. "Ich will euch zur

Ruhe führen", das ist das Treffendste, was über die messianischen Gaben Jesu gesagt werden kann.

Um das ganze Gewicht dieses singulären Heilsrufes (nur bei Mt) zu ermessen, müssen wir bedenken, was ich in meinem Buch "Weil Ich dich liebe" ausführlich dargelegt und begründet habe (siehe dort S. 1o2ff):

1. Der Ruf von Mt 11,28 "Kommet her zu mir, ihr Müden und Beladenen, ich will euch zur Ruhe führen" muß von seinem unmittelbaren Kontext V.29f abgelöst und eigens interpretiert werden. Die Verbindung mit dem Joch-Motiv (=Sir 6; 51) ist sekundär: sabbatliche Entlastung schließt Aufnahme eines Joches aus.

> Freilich enthält auch V.29b ein Sabbat-Element: "Und ihr werdet 'Ruhe' [anapausis] finden für eure [durstigen, verlangenden] Seelen."

2. Der Heilsruf Jesu nimmt die Sprachform von Jes 55,1ff, den 'Ruf des Marktschreiers', an:

> Auf! Alle Durstigen, kommet her zum Wasser! Und auch, wer kein Geld hat, kommet her! Kaufet und esset, kommt und kauft ohne Geld und ohne Preis Wein und Milch! Warum wägt ihr Geld ab für Brot, das nichts wert, und euerer Mühe Lohn für Nahrung, die nicht sättigt? Hört, hört auf mich, daß ihr Gutes zu essen bekommt, daß sich am Fetten eure Seele labe! Neiget euer Ohr, kommt zu mir. Hört zu, damit eure [durstigen, sehnsüchtigen] Seelen aufleben!

Nun enthält Jes 55,1ff an sich weder den Terminus 'Sabbat' noch ein dem "anapauein" entsprechendes Verbum. Wie konnte es Grundlage eines Rufes zum Sabbat werden?

Zunächst ist auf einige Berührungspunkte zwischen dem Ruf Jes 55,1ff und dem Gehalt eines Sabbat zu verweisen.

a) Das "Aufleben" und "Sich-Laben" [= ʿng Hitpaal] der sehnsüchtigen "Seelen", welches Jes 55,2f verspricht, erinnert an eine wesentliche Bedeutung des Sabbat (siehe III 2). Jes 58,13f verwendet zweimal dasselbe "ʿng" (Verbum Hitpaal und Substantiv) zur Beschreibung der Freude und Wonne eines wahren Sabbat.

b) Das von Jes 55,2b verheißene "Gute" meint in einem allgemeinen Sinn 'Heil' und kommt in dieser Bedeutung in einigen Texten zur Bezeichnung von Heil am Sabbat vor (siehe S.63ff).

c) Das Umsonst-und-mühelos-etwas-Bekommen (Jes 55,1ff) erinnert an das Manna-und-Sabbat-Erlebnis Israels Ex 16. Damals sammelten

die Israeliten das tägliche Manna mühelos ein, ohne einen Preis
dafür zu bezahlen. Ohne Mehranstrengung wurde am sechsten Tag
auch die Ration für den Sabbattag eingeholt (siehe Kapitel II).

Den entscheidenden Impuls, Jes 55,1-3 als Ruf zum Sabbat zu
interpretieren, konnte Ps 23 geben! Hier sind die Gottesgaben
'Wasser' (→Jes 55,1) und 'Ruhe' (→Sabbat) miteinander verknüpft.
"Er führet mich zum frischen Wasser. Er erquicket meine Seele"
(V.2b.3a in der Lutherübersetzung) erweist sich bei genauem Hinsehen als Sabbaterfahrung. Wörtlich übersetzt lautet der Vers:
"Zu Ruheorten am Wasser ['al mē m^{e}nuḥōt] führt er mich, und
er bringt zurück mein(e) Leben(skraft)."[1] Jesus bietet also
in der Form des Rufes von Jes 55,1ff ein Heil an, das mit einer
der beglückendsten Gotteserfahrungen der Beter Israels verwandt
ist und mit den Worten 'Ruheort' und 'Erquickung' (Wasser → Ps
23,2f; Jes 55,1) umschrieben werden kann.
3. Weitere deuterojesajanische Verheißungen spiegeln sich in
Jesu Ruf zur Ruhe: Jes 4o,29-31 (neue Kraft den Müden und Matten);
46,4 (die Beladenen werden von Gott "getragen"); 5o,4 (der Gottes-
knecht erquickt mit seelsorgerlichem Wort den Müden).
4. Das "Zur-Ruhe-Führen" (griech. "anapauein") in Jesu messiani-
schem Ruf erinnert an eine Vielzahl atl. Ruhe-Verheißungen: einmal an die ganze Sabbat-Tradition[2] ("anapauein" = hebr. "šbt" in
Ex 23,12; Lev 25,2; Jes 14,4 u.a.), zum andern an das Thema der
"m^{e}nūḥā" (= Ruheort, Ruhestatt) in Dtn 12,9; 1Kön 8,56; Ps 95,11;
Jes 28,12; verbal in Dtn 3,2o; 25,18f; Jos 1,13-15; 21,44; 22,4;
23,1; 2Sam 7,1.1of. O.Hofius, Katapausis, hat wahrscheinlich gemacht, daß in den meisten atl. "m^{e}nūḥā"-Belegen die lokale Bedeutung "Ruheort" wenigstens mitschwingt (S.35ff).
Die Ruhestatt ist vom Anfang Israels an Zielpunkt der Heilsgeschichte. Mehrmals scheint sie erreicht, aber immer bleibt ein

---

1) Vgl. dazu den in III 2 entfalteten Sinngehalt des Sabbat.
2) Vgl. auch die mt. Komposition: Dem Heilsruf Jesu (11,28ff)
   folgen die Sabbat-Diskussionen 12,1ff.

unerfüllter Rest. Vorläufig wird sie gewährt mit der Gabe des
Landes, mit dem Jahwe Israel "Ruhe vor allen Feinden ringsum
schafft". (Dtn 25,19) D.h. die 'Ruhe' Israels besteht zunächst
in einem nach außen gesicherten Leben in Frieden und Freiheit.
Die "m^{e}nūḥā" bleibt jedoch gefährdet: Feindliche Völker überfal-
len immer wieder die wehrlosen Stämme Israels, und zwar - so deutet das deuteronomistische Geschichtswerk - immer dann, wenn
Israel Jahwe vergaß und den Baalen diente. "Da schrien dann die
Israeliten zu Jahwe, und Jahwe ließ den Israeliten einen Retter
erstehen, der sie errettete aus der Hand...Da hatte das Land
vierzig Jahre Ruhe." (Ri 3,7-11) Mehrmals wiederholt sich dieser
Vorgang. Die endgültige Sicherung der "Ruhe(statt)" wird durch
die Nathanverheißung in Aussicht gestellt, die an das Haus David
ergeht: "Ich will meinem Volk Israel eine Stätte bereiten und es
daselbst einpflanzen, daß es ruhig wohnen bleibt und sich nicht
mehr ängstigen muß und daß Ruchlose es nicht mehr bedrücken wie
vordem..., und ich will ihm Ruhe(statt) schaffen [LXX: "anapausō"]
vor allen seinen Feinden." (2.Sam 7,1of; vgl. 1Kön 8,56)

Aber die "m^{e}nūḥā" bleibt Aufgabe und Ziel, das sich immer noch
einmal entzieht, wo man es eben berühren will. Im Zusammenhang
mit der prophetischen Kritik an sozialen Mißständen der Königs-
zeit erhält der Begriff eine erweiterte Bedeutung, bezeichnet
jetzt so etwas wie den inneren, sozialen Frieden:
    Das ist die Ruhe [hebr. "m^{e}nuḥa"; LXX: "anapauma"]
    - schafft Ruhe den Müden ...Sie aber wollten nicht hören!
                                                    - Jes 28,12
Der Begriff "m^{e}nūḥā" steht nun für die heile innere Struktur
des erwählten Volkes Israel, für die Gerechtigkeit, die den
besonders schwachen und belasteten Gliedern der Gesellschaft,
den Witwen, Waisen, Fremdlingen und dienstleistenden Arbeits-
kräften, als solidarische Hilfe zugewendet werden soll.
Im späteren Schrifttum gewinnt er eschatologische Relevanz,
etwa, wenn die Bezeichnung "ungestörte Ruhestätten" (Jes 32,
18; vgl. Jes 14,3) auf erlöstes Dasein verweist. In Qumran
und in gewissem Sinn in den Dämonenaustreibungen Jesu stellt
sich heraus, daß zu einer vollkommenen Ruhe noch etwas anderes gehört: die von Ängsten und nervöser Unruhe befreite
Seele, der physisch und psychisch gesunde, von der Macht des
Bösen freie Mensch. So begegnet uns in Qumran die 'Ruhe' als
ein eschatologisches, physiologisches und psychologisches
Phänomen: 4 Q flor 1,7ff spricht mit Bezug auf 2 Sam 7,11 die
Erwartung aus, daß die Gemeinde in der Endzeit 'Ruhe' bekommen wird vor allen feindlichen Attacken Belials, also vor
den dämonischen Mächten.

48

Blickt Jesus in Mt 11,28 auch auf diese Geschichte der Israel
verheißenen, aber noch nicht in jeder Weise verwirklichten
"m^{e}nūḥā" zurück? Mt 11,28 - kurz und bündig, bar jeder Konkretion - würde dann eine umfassende Ruhe versprechen: Freisein
von Ängsten, Unruhe und Verstörtheit (→"m^{e}nūḥā") und von Druck,
Lasten und Müdigkeit (→Sabbat).

Jesus ruft zum Sabbat und bietet als das Heilsgut schlechthin die
'Ruhe', den 'Ruheort' an. Der Gehalt eines wahren Sabbat scheint
ihm dem messianischen Heil am nächsten: Leib und Seele des Menschen machen am Sabbat eine Erfahrung, die das Irdisch-Normale
transzendiert und auf ein letztes Heil verweist. Und umgekehrt:
das letzte Heil läßt sich nur begreifen vermittels Sabbat-Sprache.

So eignet der Verkündigung Jesu eine oft übersehene Polarität:
einerseits stiftet sie heilsame Unruhe gegen träge Herzen und
verkrustete Strukturen, zum andern will sie - gerade auch so -
den Menschen zu eigentlicher Ruhe führen.
Es müssen also, um Mißverstehen auszuschließen, die seelischen
Gehalte der von Jesus angebotenen Sabbat-Ruhe genauer heraus-
gearbeitet werden.

2.   Ein einleuchtendes Argument

An drei Stellen (Mt 12,11f; Lk 13,15; 14,5) berichten die Evangelien von einem einfachen, einleuchtenden Argument, mit dem Jesus
seine 'Sabbat-Verletzungen' begründet habe.
Die Situation ist folgende: Jesus heilt am Sabbat einen chronisch
Kranken, und zwar gegen feindseligen Widerstand seiner schriftgelehrten Gegner. Den Pharisäern, die die Heilung eines Mannes mit
verkrüppelter Hand als "unerlaubt" erachten, antwortet Jesus: "Wer
unter euch, der ein einziges Schaf hat, würde es , wenn es sabbats
in eine Grube fiele, nicht packen und herausziehen? Um wieviel
aber unterscheidet sich doch ein Mensch von einem Schaf!" (Mt 12,
11f) Dem Synagogenvorsteher, der die Heilung einer achtzehn Jahre gekrümmten Frau beanstandet, da sie nicht ausgerechnet am Sabbat hätte erfolgen müssen, wirft Jesus Heuchelei vor: "Ihr

Heuchler! Löst nicht ein jeder von euch am Sabbat seinen Ochsen
oder seinen Esel von der Krippe und führt ihn weg und tränkt ihn?"
(Lk 13,15) Im Haus eines Obersten der Pharisäer kontert Jesus
die ihn in böser Absicht Belauernden: "Der Sohn[1] oder der Ochse
von einem unter euch fällt in den Brunnen - und der Betreffende
sollte ihn nicht sofort herausziehen, am Sabbattag?" (Lk 14,5)

Wir fragen nun zuerst: Welches Verständnis von Sabbat läßt
die Pharisäer die Sabbat-Praxis Jesu argwöhnisch belauern?

Leicht verständlich erschiene der Konflikt, hätte es Jesus
mit Essenern zu tun gehabt. Diese kodifizierten in ihrer Situation der hochgespannten Endzeiterwartung und im Rahmen ihrer
mönchisch-gesetzlichen Lebensordnung evident lebensfeindliche
Sabbat-Gesetze, wenn auch einige wertvolle Elemente des altbundlichen Sabbat bewahrt wurden.

Heilsame, den Sinn des Sabbat bewahrende Forderungen sollen
nicht übersehen werden: "Niemand darf seinen Knecht oder seine Magd oder seinen Tagelöhner erzürnen am Sabbat", heißt
es in CD 11,12; ja CD 1o,18 verbietet gar, am Sabbat "ein tö-
richtes oder eitles Wort zu sagen"; d.h. der Sabbat soll die
Menschen in Schutz nehmen vor der zerstörerischen Gewalt lieb-
loser oder gedankenloser Worte. Auch der Haben-Haltung des
Menschen wird am Sabbat gewehrt: "Nicht soll man über eine
Angelegenheit von Besitz und Gewinn richten...Niemand darf
den Sabbat entweihen wegen Besitz oder Gewinn am Sabbat."
(CD 1o,18; 11,15). Wie die Brotbitte des Vaterunsers hält
der Sabbat den Menschen in seiner Gegenwart fest, daß er nicht
sorgenvoll in die Zukunft abgleite, und zwar durch die weise
Bestimmung: "Nicht darf man über Fragen der Arbeit sprechen
oder das Werk, das am nächsten Tag zu tun ist." (CD 1o,19;
siehe Kapitel II)
Und doch bleibt ein Zweifel, ob es in dem Genannten wirklich
um das Humanum geht, ob es sich nicht eher um radikale Tabus
bzw. eine gesetzlich-buchstäbliche Auffassung der Sabbat-Ruhe
handelt. Denn unmittelbar daneben finden sich zutiefst tier-
und menschenfeindliche Regelungen: "Niemand soll hinter dem
Vieh hergehen, um es außerhalb der Stadt zu weiden, es sei
denn zweitausend Ellen weit."(CD 11,5f) - "Niemand soll dem
Vieh beim Werfen helfen am Sabbattag. Und wenn es in einen
Brunnen fällt oder in eine Grube, so soll er es nicht am Sabbat wieder herausholen." (CD 11,13f) - "Nicht darf man aus

---

1) Andere Lesarten: "Esel", "Esel, Sohn", "Schaf". "Sohn" als die
   schwierigste und gut bezeugte wird ursprünglich sein, zumal
   vor dem Hintergrund von Dtn 5,14 (vgl. Baba Qamma 5,6) gut verständlich.

seiner Stadt weiter hinausgehen als tausend Ellen." (CD 1o,
21) - "Nicht darf man ein zugeklebtes Gefäß am Sabbat öffnen."
(CD 11,9) Besonders hart und ohne Sinn erscheinen CD 11,1o-
11: "Niemand soll bei sich Medikamente tragen, um damit ein-
und auszugehen am Sabbat...Ein Pfleger darf nicht den Säug-
ling tragen, um aus- und einzugehen am Sabbat" und CD 11,16-
17: "Einen lebendigen Menschen, der in ein Wasserloch fällt
oder sonst in einen Ort, soll niemand heraufholen mit einer
Leiter oder einem Strick oder einem (anderen) Gegenstand";
dazu Bellum Judaicum 2,8.9: die Essener verboten den Stuhlgang am Sabbat! Entsprechend wird am Sabbat der Geschlechts-
verkehr nicht gestattet in der "Stadt des Heiligtums, um
nicht...zu verunreinigen." (CD 12,1-2)[1]

Den pharisäischen Sabbat, wie er z.Z. Jesu begangen wurde, erschließen wir aus rabbinischen Texten späterer Zeit (Mischna
Schabbat und Erubim), die sich aus der pharisäischen Halacha ent-
wickelt haben, dazu aus Bestimmungen des vielleicht dem Pharisä-
ismus nahestehenden Jubiläenbuches[2] und der Mekhilta, einem Kommentar zum Buch Exodus, etwa aus der Zeit Jesu.

Zwei Voraussetzungen sind gleich wichtig, um die pharisäische Po-
sition zu verstehen.

1. Der Sabbat ist seit dem Exil Ausdruck des Erwähltseins Israels
(vgl. Lohse, ThWNT VII 4ff). Mit dem Sabbat wird die Erwählung
bewahrt. In seiner Feier ist Israel zusammengeschlossen mit den
heiligen Engeln (Jubiläen 2), stellt sich gleichsam an diesem einen Tag als das Gott heilige Volk dar, das es seiner Bestimmung
nach ist (Jub 2,19.27; 5o,9). Die Heiligung vollzieht sich im
Lobpreis Gottes, im absoluten Ruhen, festlichen Essen und Trinken und Schöne-Kleider-Tragen (Jub 5o,9; vgl. Bill I 611f).

Man könnte erwägen, ob Joh 19,31 - der Leichnam Jesu soll unter keinen Umständen am Sabbat am Kreuz hängen - besagt, daß
am Sabbat nicht nur kultische Verunreinigung, sondern in einem
allgemeinen Sinn alles Unerfreuliche vermieden werden muß.

Am Sabbat erfreut sich Israel seiner besonderen Gottzugehörig-
keit - dies bleibt pharisäisches Grundanliegen.

2. Aber nun meint man die Heiligung, soweit sie in der unbeding-
ten Arbeitsruhe zum Ausdruck kommt, auf dem ausschließlich halachischen Weg der akkuratesten Beachtung des ausdifferenzierten
Sabbatgebotes zu erreichen; der Sabbat wird darüber unmerklich

---

1) Zum Sabbat in Qumran vgl. im übrigen B.Sharvit, The Sabbath
of the Judean Desert Sect, in: Immanuel 9 (1979) 42-71
2) Vgl. Kautzsch II, S.37

zur Last, und sein Wesen verändert sich vom geschenkten Ruhetag
zum Tag, an dem der Fromme in besonderer Weise etwas zu 'leisten'
hat, nämlich eine sehr differenzierte Regelung zu kennen und in
ihrer Bahn den Sabbat zu leben. Damit geht der ursprüngliche Sinn
des Sabbat verloren.

Der Beginn dieser Entwicklung zeichnet sich bereits im AT ab, wo
an einigen wenigen Stellen das Sabbat-Gebot, ursprünglich offen-
bartes, apodiktisches Gottesrecht, in konkrete Bestimmungen
überführt wird (z.B. Ex 35,3; vgl. auch Jes 58,13). Die 1o Gebote
wie andere Gebotsreihen beschreiben, gründen einen Schalom-Zu-
stand, stecken einen Heilsbereich schützend ab, in dem Israel
sinnvoll leben kann. Nach Gese (S.124) konstituieren sie in Grund-
zügen das Sein eines Israel coram deo. Wenn die Ruhe nicht mehr
primär als Gottes Gabe, sondern als religiöse Leistung und
Pflichtübung gedacht wird - hier sehe ich die entscheidende (ver-
kehrte) Weichenstellung -, gerät das Sabbatgebot in den Sog einer
eigengesetzlichen Kasuistik. In ihr kann die Ruhe zwangsläufig
nicht mehr sinn-haft als heilsamer Gegenpol zur Arbeit 'im
Schweiße des Angesichts', sondern nur noch gleichsam seelen-
los, sinn-los, als ein pures physikalisches Phänomen aufgefaßt
werden. Zur verbotenen Arbeit gehören dann selbst Vorgänge wie
Reisen (Jub 5o,12), Fürbitte (Tos.Schabbat 16,22), Krankenbesuch
(b.Schabbat 12a), Medizin-Nehmen (Schabbat 14,3f; 22,6), Feuer-
Anzünden (Ex 35,3; Bellum Judaicum 2,8.9), Stuhlgang (Bellum Judaicum 2,8.9). Westerholm hat gezeigt, wie am Ende einer sich diffe-
renzierenden Kasuistik Einzelbestimmungen in schroffen Gegensatz
zu ihrer biblischen Grundlage und zu "basic instincts of humanity"
geraten (S.96.1o1).

In allen Lebensbereichen will die Sabbat-Halacha verbindlich
festlegen und immer genauer präzisieren, was verbotene Aktivität
und wo das Verbot der 'Arbeit' durch übergeordnete Gebote, Prinzipien und Ordnungen aufgehoben bzw. begrenzt ist, wie z.B durch
das Passah-Opfer (Tos.Pes. 4,13f), das Tempelgesetz (Num 28,9f;
Lev 24,8f), das Gebot der Beschneidung des Neugeborenen am achten
Tag (Lev 12,3; Joh 7,22f), das Prinzip der Lebensbewahrung (Joma
8,6; Mekh.Ex 31,13). Dem einzelnen Frommen ist die Freiheit

52

genommen, den (Ruhe-)Sinn des Sabbat in der zu ihm passenden Weise in eigener Verantwortung zu erfüllen - 'kompetente' Autoritäten nehmen ihm die Verantwortung ab. Alles Sabbat-Verhalten steht unter einem nicht mehr hinterfragbaren Muß, ist bis ins Detail vorgeschrieben.
Doch darf man rabbinischer Kasuistik einen Vorwurf nicht machen: den der beabsichtigten, unbarmherzigen Härte. Im Gegenteil: Die pharisäische Halacha will gerade einen humanen Weg weisen, wie Sabbat-Arbeit-Verbote mit einem Minimum von Mühen und Verzichten beachtet werden können[1]. Im Gegensatz zum rigorosen und gnadenlosen Sabbat-Kodex der Essener, der die Gefährdung von Menschenleben in Kauf nimmt, versuchen die Pharisäer, die Gebote jeweils den Notwendigkeiten und Realitäten des Lebens anzupassen. Dafür stehe der Grundsatz des Rabbi Aqiba in Schabbat 19,1: "Jede Arbeit, die man auch am Vorabend des Sabbat hätte ausführen können, verdrängt den Sabbat nicht; diejenigen aber, die man nicht am Vorabend des Sabbat hätte ausführen können, verdrängen den Sabbat."
Viele 'erleichternde' Bestimmungen der Mischna Schabbat und Erubim verstehen sich von daher. Typisch die letztlich aus den Makkabäerkämpfen hervorgegangene Maxime: "Schon die Möglichkeit der Lebensgefahr verdrängt den Sabbat." (Joma 8,6; Mekh.Ex 31,13) Da am Anfang der Makkabäerkriege bereits Waffen-Tragen zu den verbotenen 'Tätigkeiten' zählte (Josephus, Ant. 14,226), waren die makkabäischen Freiheitskämpfer am Sabbat wehrlos (Bellum Judaicum 2,21.8; 4,2.3; 1Makk 2,37f; 2Makk 6,11; 15,1f). Hier mußte man um der Selbsterhaltung willen weiter-denken, das Arbeitsverbot relativieren (1Makk 2,4of; 9,34.43f).
Nissen hat gezeigt, daß die rabbinische Sabbat-Gesetzgebung überhaupt erst verstanden wird, wenn man ihre Bezogenheit auf die ganze Tora wahrnimmt. 'Aufhebungen', 'Erleichterungen' und 'Dispensationen' gibt es, soweit man sie von der Tora selber geboten findet. Niemals sprengen sie den Rahmen der Tora. Es gilt der Grundsatz: "Zuweilen ist die Störung der Tora ihre Befestigung." (b.Men.99b) So ermöglichen die 'erleichternden' Erub-Gesetze dem

---

1) Daß sie nicht frei von Härten ist, zeigen andererseits Bestimmungen wie: "Man darf am Sabbat...einen Bruch nicht wieder einrenken. Wessen Hand oder Fuß aus dem Gelenk getreten ist, darf

Menschen, am Sabbat trotz der strengen rabbinischen Auslegung
des Ruhegebots dieses zu erfüllen und dennoch das Notwendigste
zu tun, damit das Leben nicht allzusehr eingeengt wird. Dazu Nissen: "Erleichtert werden darf das Erschwerte, wenn und soweit das
Ruhegebot selber dadurch nicht gefährdet wird." (Nissen, S.363)

> Als Beispiel einer solchen 'Erleichterung' diene b.Erub.Bar.
> 2ob: "Man fülle kein Wasser ein und setze es am Sabbat vor
> das Tier hin; wohl aber darf man einfüllen und ausgießen, so
> daß das Tier von selbst trinkt."

Dispensationen vom Sabbatgebot 'von Fall zu Fall' werden notwendig, wenn ein Leben zu retten ist, denn das Gesetz ist nach Lev
18,5 ein Gesetz des Lebens.

> "Die Frage, woher sich beweisen lasse, daß die Lebensrettung
> den Sabbat verdränge, zeigt in Verbindung mit den Antworten,
> daß die Antwort nicht zu suchen und zu finden ist im Wesen
> Gottes und in seinem Handeln an den Menschen oder an Israel,
> nicht im Menschen selber - weder in biblisch begründeten Er-
> wägungen über ihn, seine Möglichkeiten, Wünsche und Kompeten-
> zen, noch gar in einem nichtbiblisch-allgemeinen Humanismus -,
> sondern allein in der Schrift, genauer - da eine Gesetzesfra-
> ge nur aus Gesetzestexten beantwortet werden kann -: in ihren
> Gesetzestexten. Denn Wünsche unabhängig von der Schrift oder
> gegen sie stehen dem Menschen vor Gott nicht zu, seine Kompe-
> tenzen sind keine anderen als die ihm von Gott gewiesenen und
> gelenkten, und seine Möglichkeiten sind legitimerweise allein
> die, die ihm die Schrift zeigt. Die legitime Antwort gibt al-
> lein Gott in der Schrift dem Menschen unter der Schrift, gibt
> allein der Gesetzestext, wie er sich von der ganzen Tora her
> dem Fragenden erschließt." (Nissen, S.368)

Von daher versteht sich Mekh.Ex 31,13: "Und halten sollen die
Kinder Israel den Sabbat, um den Sabbat auszuüben auch bei ihren
Nachkommen: Entweihe seinetwegen [sc. wegen des Gefährdeten] einen einzigen Sabbat, damit er [dann in seinem weiteren Leben]
viele Sabbate halten kann." In diesem Zusammenhang steht der
Satz: "Euch ist der Sabbat übergeben, und nicht ihr seid dem Sabbat übergeben." Er begründet lediglich die Verdrängung des Sabbat
in der Situation der Lebensgefahr.
Nissen faßt zusammen: "Der ganzen Tora widerspräche die rück-
sichtslose Befolgung des Sabbatgebotes; dem Zusammenspiel aller

---

sie nicht in kaltem Wasser hin- und herschlenkern."
(Schabbat 22,6)

Gebote in ihrer notwendigen Relativität widerspräche die Absolut-
heit eines Einzelgebotes; die wechselseitige Bedingtheit und Bezogenheit aller Teile der Summe der Gebote würde zerstört durch
die unbedingteund bezugslose Erfüllung einer einzigen Pflicht...
Um der ganzen Tora willen ist daher die Erkenntnis der Relativität auch des Sabbatgebotes notwendig." (S.369)
Insgesamt lassen sich also die schriftgelehrten Autoritäten bei
der Entwicklung der Sabbat-Halacha durchaus von Prinzipien der
Humanität und Praktikabilität leiten, im Rahmen eines Verständ-
nisses der Tora als Lebensordnung; und doch zeigt sich in den immer noch minutiöseren Einzelbestimmungen , in einer grotesken Reg-
lementierung des gesamten Lebens neben der Liebe zu Gottes Gebot
auch die ganz 'unsabbatliche' Angst, daß ohne die eingebauten
Sicherungen der Mensch in den Raum des Verbotenen geraten und des
Heils verlustig gehen könnte.

> Mehr noch: Man läuft unvermeidlich in eine Gefahr, die der
> rabbinische Ausspruch verdeutlicht, nach dem ganz Israel so-
> fort erlöst würde, hielte es nur zwei Sabbate gemäß allen Vor-
> schriften (b.Schabbat 118b). Hier tritt nicht nur die Gewich-
> tigkeit des Sabbatgebotes zutage und die Aussichtslosigkeit,
> dem komplizierten Netzwerk der Sabbatvorschriften allüberall
> Geltung zu verschaffen - hier zeigt sich auch die Tendenz zu
> einer Art kollektiver Zwangsneurose.
> In einem bemerkenswerten Aufsatz "Vom Sinn der Sabbatheilun-
> gen Jesu" hat Ch.Dietzfelbinger diesen Aspekt des pharisäi-
> schen Sabbat betont, ausgehend von einer Studie H.Müller-Eck-
> hards über die "Zwangsneurose als Pantomime des Nichts".
> Wo ein Mensch sich selbst Regeln zwanghafter Ordnung setzt,
> will er der (Schuld-)Angst entfliehen, die aus tatsächlichem
> Vergehen gegen anerkannte, sinnvolle Ordnung entstanden ist.
> Der Zwanghafte sucht in Zwangshandlungen Gewissensangst zu
> löschen und Sünde zu sühnen. Seine selbstgesetzten Regeln,
> verfehlter Ausdruck der zum Wesen des Menschen gehörenden
> Freiheit, erreichen freilich das im Tiefsten Ersehnte und Ge-
> meinte: die wirkliche Aussöhnung mit dem Gewissen und die ech-
> te Verarbeitung der Konflikte in keinem Falle. Sie bewirken,
> daß sich die Schuldgefühle von peinvollem alten Erinnerungs-
> inventar trennen und an neue, z.T. selbst arrangierte Erleb-
> nisinhalte binden, woraus eine groteske Scheinmoral erwächst.
> Vor allem: Die Schuld-Angst wehrt sich gegen die Beschwichti-
> gung; umso genauere Vorschriften legt man sich auf.

Einen solchen zwanghaften Versuch, Schuld und Angst zu bewälti-
gen, hat Israel mit der Sabbatgesetzgebung gemacht. In ihrer
Konsequenz geschieht folgendes: Die selbstgegebenen Gebote

werden bald mit äußerster Genauigkeit erfüllt, denn sie tragen in
sich die Verheißung, von Angst zu befreien und einen Glückszu-
stand herbeizuführen. Mißlingen kann nicht ausbleiben. Die Angst
bricht wieder durch, weil der Konflikt nicht gelöst wird, sondern
nur verschoben. Daraus erwächst neuer Zwang und verstärkte Unsi-
cherheit und daraus wieder leidenschaftliches Ausarbeiten immer
mehr verfeinerter Vorschriften. (S.292-293)
Diese Betrachtungsweise rabbinischer Sabbatgesetzgebung soll
nicht ein weiteres Mal die religiöse Leidenschaft der Pharisäer
verunglimpfen und ihr humanes Anliegen mit Hilfe der Tiefenpsy-
chologie in Neurose umdeuten. Es ist aber wichtig, die Not zu sehen, in die man sich hineinbegeben hat und aus der man sich selber eben nicht lösen kann, denn alle Eigen-Anstrengungen, alle
Energien erschöpfen sich im zwanghaften Weiterbetreiben des Sys-
tems. Die Erlösung muß von außen kommen, und sie kann nur gelin-
gen, wenn das ganze System gesprengt wird. In der Tat hat Jesus
hier ein System gesprengt und ein zugleich ursprüngliches und erlöstes Sabbat-Verhalten demonstriert, das hinter den ganzen ver-
fehlten Ansatz zurückgreift. Von allem anderen noch abgesehen,
hat er an diesem Punkt des Sabbat erlösend in seine Lebenswelt
hineingewirkt.
Worauf Jesus in seinen Argumenten zielt, ist klar: Die kasuistische Sabbat-Praxis wird als unsinnig, ja 'unlogisch' entlarvt
durch einen geschickten Schachzug: Jesus konfrontiert eines ihrer
Extreme mit einer selbstverständlichen, evident richtigen Verhaltensweise der galiläischen Bauern, die sabbats ihr Vieh ver-
sorgen. Dabei spricht Jesus weniger eine auch durch den Sabbat
nicht begrenzte allgemeine Tierliebe an, sondern eine dem Sabbat
gerade völlig konforme Sitte: Der israelitische Bauer und Vor-
stand eines Hauses ist ja, nach Dtn 5,12ff, gerade am Sabbat an-
gehalten, um das Wohl seines erschöpften 'lebenden Besitzes' be-
sorgt zu sein: "Da sollst du keine Arbeit tun, weder du noch dein
Sohn...noch dein Ochse noch dein Esel noch all dein Vieh..., damit sie ruhen gleich wie du." In diesem Gebot werden wie in Lk
13,15; 14,5 Sohn, Esel und Ochse nebeneinander, und zwar je mit
besitzanzeigendem Fürwort genannt; und von daher erklärt sich

56

auch das merkwürdige Nebeneinander von "Sohn" und "Ochse" in
Lk 14,5: beide gehören zum Hause, zu den dienstleistenden Arbeits-
kräften und genießen gleichermaßen den Schutz des Sabbat.
Westerholm[1] betont nun, daß Jesus einfach die aktuelle Praxis an-
spricht, die von "common sense" und "compassion" mehr als von der
Halacha bestimmt gewesen sei. Jesus hätte durchaus innerhalb der
Halacha argumentieren können, denn spätere rabbinische Texte (Tos.
Schabbat 14,3) lassen mutmaßen, daß der Fall des in eine Grube
gestürzten Haustieres halachisch geregelt wurde. Aber Jesus appel-
lierte mit der Frage "Wer unter euch?" bezeichnenderweise an "basic instincts of humanity", an des Menschen Sensibilität für alle
Not der Kreatur (halachisch hätte er das Herausziehen eines Scha-
fes aus der Grube als eine Sitte ["minhag"] mit Gesetzeskraft an-
sprechen können!).
Unbestritten dies. Es liegt mir jedoch daran festzuhalten, daß
die angesprochenen "basic instincts of humanity" dem ursprünglichen Sabbat der altbundlichen Gebotsreihen (vgl. Dtn 5,12ff) völlig entsprechen, möglicherweise von diesem 'gespeist' sind.
Keineswegs fußt Jesu Argument auf dem Gedanken, daß um der Humanität willen ausnahmsweise ein Sabbatbruch erlaubt sein muß, daß
der Sabbat der Barmherzigkeit nicht im Weg stehen darf. Vielmehr
ist der Sabbat seinem atl. Sinne nach gerade in besonderer Weise
der 'Zeitraum', Barmherzigkeit zu üben und zu erfahren. Jesus
blieb, wie wir noch deutlicher sehen werden, dem atl. Sabbat treu.

Jedem Menschen mit Vernunft und Herz leuchtet nun Jesu Schluß-
folgerung im rabbinischen a-minore-ad-majus-Verfahren sofort ein,
zumal dem Jahwe-Gläubigen. Er weiß aus dem AT, daß Gott den Menschen wenig geringer als die Engel geschaffen und ihm die Tiere
"zu Füßen gelegt" hat (Ps 8). An diesem Punkt durfte Jesus mit
seiner Lehre, daß der Mensch eine Menge mehr wert sei als etwa
die Spatzen, Raben und Feldpflanzen, aber auch als die ihm die-
nenden Haustiere, auf breite Zustimmung seiner Volksgenossen

---

1) S.Westerholm, Jesus and Scribal Authority, Lund 1978, S.92ff

hoffen.

Zusammengefaßt: Jesus hebt die pharisäische Sabbatordnung (und mit ihr - unausgesprochen - die essenische!) aus den Angeln durch ein schlichtes, evident richtiges Wort, das Herz und die unverbildete Vernunft, aber auch das atl. Glaubensbewußtsein überzeugt.

> Jesus appelliert an etwas Ursprüngliches, an ein unverwirrtes Empfinden des Gerechten, an Wahrheit, die einleuchtet, auch wo sie gegen bestehende Gesetze geht. Sein Argument ist ein starker Affront gegen alles gesetzliche Wesen der Menschen, die ihre starken Gefühle hinter ungeprüften Traditionen und Paragraphen verstecken und um einer 'Sachlichkeit' willen zurückstecken. Jesus bekämpft das starre, tote Gewissen, das sich ängstlich an nicht mehr lebendige Gesetze bindet, statt daß es sich der Liebe öffnet und den Sinn eines Brauches sucht. Jesus hinterfragt das Gewordene und Bestehende auf seinen Sinn und rückt ihn ins Licht.

Der entscheidende Gegensatz, der den oben genannten Sabbat-Wundergeschichten den Spannungsbogen gibt, ist folgender: Rabbinische und essenische Schriftgelehrsamkeit sehen infolge ihrer kasuistischen Sabbat-Ordnung die in Frage stehenden Lebensvollzüge und das Ruhe-Gebot vordergründig-phänomenologisch, unter physikalischen Gesichtspunkten und nehmen den Sinn dahinter, den seelischen Wesensgehalt nicht mehr wahr.

> In der Vokabel "therapeuein", in den Evangelien häufig verwandt, wird der angesprochene Gegensatz offenbar: Im Sinne Jesu und der Evangelien beschreibt sie eschatologisches, dem Sabbat konformes Heilsgeschehen, für die Pharisäer eine medizinische, am Sabbat verbotene profane Tätigkeit. (vgl. Lk 13,14. 16)

Jesu Bezugnahme, der Rückgriff auf den ur-eigentlichen, von Gott gestifteten und an einer Stelle des bäuerlichen Lebens erhaltenen Sinn unterläuft die kasuistische Fragestellung und verleiht dem Argument seine Schlagkraft. Und: Sabbat und Heil sind wieder zusammengebracht, 'wie es am Anfang war'.

3. Das Ährenraufen am Sabbat

Den ursprünglichen Sinngehalt der Perikope vom Ährenraufen am
Sabbat (Mk 2,23-28; Mt 12,1-8; Lk 6,1-5) zu verstehen, bereitet
angesichts einer offenbar komplizierten Überlieferungsgeschichte,
wie sie der synoptische Vergleich anzeigt, große Schwierigkeiten.
Es können hier gar nicht alle Interpretationsmöglichkeiten darge-
stellt und kritisch erörtert werden. Nur eine im Kontext unserer
übrigen Ergebnisse zum 'Sabbat Jesu' stimmige Deutung sei vorge-
führt.

Wir betreten das Terrain christlicher Schriftgelehrsamkeit, wenn
wir uns zuerst der Mt-Fassung zuwenden. Ihre Intention und Aufbau
scheinen einigermaßen klar. Jesus begegnet hier dem Vorwurf der
Pharisäer mit einer doppelten Gegenfrage und Reminiszenz an die
Schrift (V.3-5). Mit einem zweimaligen gewichtigen "Habt ihr
nicht gelesen?" verweist er zunächst auf ein haggadisches[1] Beispiel aus der Geschichte Davids und dann auf ein halachisches aus
dem Gesetz: Die Priester entweihen im Tempel den Sabbat und sind
doch "schuldlos". Wie das gemeint ist, zeigen Num 28,9f und Lev
24,8f: Die Priester vollziehen am Sabbat bestimmte Opfer und
schichten die Schaubrote auf, nehmen wohl auch Beschneidungen
vor (Joh 7,22f), und so haben die Rabbinen später selbst festgehalten: "Der Tempeldienst verdrängt den Sabbat." (b.Schabbat 132b)
D.h. Jesus baut die Verteidigung seiner Jünger systematisch auf
das Fundament der gesamten Schrift, stützt sein Argument auf brei-
tester Front ab. Freilich überzeugt es nur, wenn ein Konsensus darüber besteht, daß Jesus und seine Jünger mindestens die gleiche
Vollmacht haben wie die Priester des alten Bundes. Darum V.6 die
messianische 'Provokation': "Hier ist mehr als der Tempel." (vgl.
Mt 12,41). "Hier" - d.h. in der mit Jesus gekommenen Gottesherrschaft. V.7 ordnet dann noch mit Bezug auf Hos 6,6 das prophetische Prinzip der Barmherzigkeit dem Kultgesetz über.
Es wird also in Mt 12,1-8 geradezu eine Hierarchie der Gebote
oder Ordnungen gebaut. Mit W.Grundmann (Matthäus, S.321) wird

---

1) Bezeichnung des nicht-gesetzlichen Traditionsstoffes des
Judentums.

man auf der untersten Stufe die Sabbatordnung erkennen, ihr
übergeordnet das Tempelgesetz, darüber wiederum das messianische
Prinzip ("mehr als der Tempel") bzw. das damit identische prophetische Prinzip der Barmherzigkeit. Dieses letztere begrenzt bzw.
hebt auf die beiden ersten.

Angesichts anderer, viel lebendigerer Argumente und sinnhafterer
Sabbatworte Jesu (siehe S. 62ff) wird jedoch wenigstens ein
Zweifel bestehen bleiben, ob Jesus in situatione concreto so kom-
pliziert und schriftgelehrt geantwortet und den Sabbat damit auf
die unterste Stufe der Hierarchie der Gebotsordnungen verwiesen
hat.

Innerhalb Mk 2,23-28 scheinen der Grundsatz V.27 "Der Sabbat
wurde um des Menschen willen, und nicht der Mensch um des Sabbat
willen" sowie das Interpretament der "chreia" (=starkes Bedürf-
nis) von V.25, welches den Hunger Davids bzw. der Jesusjünger
als Not hervorhebt, sekundär eingefügt. V.27 unterscheidet sich
von V.28 durch seine Grundsätzlichkeit und Allgemeingültigkeit.
Der Spruch V.27 ist aus sich selbst verständlich, leicht zu me-
morierender Merkspruch ("māšāl"), während V.28 nur im analogen
Bezug auf V.25-26 argumentative Kraft hat. Beides, V.27 und die
"chreia" (V.25), fehlt sowohl bei Mt als auch bei Lk, wobei es
in unserem Zusammenhang ohne Bedeutung ist, ob wir diesen Sachverhalt mit einer Urmarkus-Hypothese oder mit der Annahme einer
Lk-Priorität[1] zusammenbringen. Die ein und dieselbe Intention
beider Einfügungen: der Sabbat'bruch' soll durch die Notlage und
das übergeordnete Prinzip der Menschlichkeit legitimiert werden.
(Es sei hier bemerkt, daß literarisch Sekundäres in der Sache
durchaus ursprünglich sein kann - nichts spricht gegen V.27 als
Jesuswort.)

Nun erhebt sich die Frage, ob V.28 der Menschensohnbegriff messianisch oder menschheitlich gefüllt ist. Für die erste Möglichkeit spricht die Analogie zu David, Prototyp des Messias. Jesus

---

1) Vgl. R.L.Lindsey, A Hebrew Translation of the Gospel of
   Mark, Jerusalem ²1973.

verwiese dann auf eine besondere Möglichkeit Davids, die dem
Messias-Menschensohn als endzeitlichem Antityp Davids selbstverständlich ebenso offensteht. Dagegen aber fällt ins Gewicht, daß
Jesus den Sabbat niemals als Hindernis für sein messianisches
Wirken gesehen hat, vielmehr gerade als besondere Gelegenheit, be-
vorzugte Zeit, ja als Inbegriff des messianischen Heils.
So liegt es näher, den "Menschensohn" von V.28 auf jeden der Gat-
tung 'Mensch' zu beziehen, wie sprachlich ebenso möglich. Jes
56,1-2 "Heil dem Menschen, der dies tut, und dem Menschensohn,
der sich daran hält, der den Sabbat bewahrt" - nur zufällig den
Sabbat betreffend? - zeigt, daß "Menschensohn" gerade in pronoun-
ciert- grundsätzlicher Rede allgemein 'jeden beliebigen Menschen'
bedeuten kann. Ja, der synonyme Parallelismus der Glieder mit den
austauschbaren, gleichgewichtigen Vokabeln "Mann"/"Menschensohn"
läßt auch die Verse 27 und 28 in Mk 2 als synonym parallele Sätze
erscheinen, gleichgültig ob von Mk erst zusammengestellt oder
schon ursprünglich ein Ganzes.
Damit werden wir zu folgender Interpretation von Mk 2,23-28 geführt: Die Pharisäer werfen den Jüngern vor, mit dem Ähren-Abreis-
sen am Sabbat verbotene Ernte-Arbeit zu leisten. (Das Verbot der
Erntearbeit - vgl. Schabbat 7,2; Philo, Moses 2,22 - hat in Ex
16,25f; 34,21 eine biblische Grundlage.) Jesus verteidigt die
Jünger mit dem Verweis auf ein haggadisches Beispiel der Schrift,
ein Vorkommnis im Wanderleben Davids: In akuter Hungersnot aßen
er und seine Gefährten als Laien die Weihbrote des Tempels, ein
absolut gesetzwidriger Vorgang ("ouk exestin"); das Gesetz - und
mit ihm das Sabbatgebot - kann folglich keine unbedingte Gültig-
keit beanspruchen. Der Schriftverweis Jesu verläßt die pharisäische Argumentationsebene 'Halacha': Das dem Menschen gebotene
Verhalten ist nicht einfach durch ein kasuistisches System aus
der Tora zu definieren. Mit Hilfe der Schrift wird eine starre,
unmenschliche Anwendung der Tora verworfen.
Mk 2,27-28 stellen dann, etwas anders als der oben zitierte rabbinische Satz "Euch ist der Sabbat übergeben, aber nicht ihr seid
dem Sabbat übergeben", die Finalität des Sabbat heraus: Der Sabbat ist positives Mittel zum Zweck des Schaloms des Menschen,

dient seinem Wohlbefinden, der Erhaltung seines Lebens. Damit
bleibt Jesus konsequent auf der Linie des altbundlichen Sabbat
und seinen 'Damit-Sätzen' mit entsprechendem Sinngehalt (Dtn 5,14;
vgl. Ex 23,12).
Und doch stehen wir bei Mk 2,27 noch nicht vor Jesu ureigener
Sabbat-Interpretation[1].
Die im folgenden zu besprechenden Sabbat-Worte Jesu heben den
Sabbat weit darüber hinaus, Mittel zum höheren Zweck zu sein.
Der Sabbat wird Selbst-Zweck, trägt den Sinn in sich. Er promo-
viert vom Heils-Mittel zur Gestalt des Heils, zum Inbegriff des
Heils: Das Heil geschieht am Sabbat als Sabbat.

4.   Das Gute am Sabbat
      (Eine Auslegung von Mk 3,1-6)

Jesus geht sabbats in die Synagoge. Dort befindet sich ein Mann
mit einer "verdorrten Hand". Sie belauern Jesus, ob er ihn am
Sabbat heilen würde, um ihn zu verklagen. Jesus ruft den Kranken,
schaut, als Messias mit intuitiven Kräften begabt (vgl. Jes 11,3),
in die Herzen der Anwesenden und stellt die Frage in den Raum:
"Ist es erlaubt, am Sabbat Gutes zu tun oder Böses zu tun, Leben
zu retten oder zu töten?" Zornig und betrübt über die Herzens-
verstocktheit der Anwesenden blickt Jesus in die Runde und sagt:
"'Streck deine Hand aus.' Und er streckte sie aus. Und seine Hand
wurde wiederhergestellt." (V.5) Die Pharisäer und Herodianer ziehen ab und fassen einen Entschluß gegen ihn, um ihn zu vernichten.

---

1) Man beachte auch die Bedenken, die E.Schweizer (NTD, Markus,
    S.38) gegen die Authentizität der ganzen Perikope vorgebracht
    hat: "Diese Geschichte sieht konstruiert aus. Woher kommen die
    Pharisäer, da man am Sabbat doch nur 800 Meter weit gehen darf?
    Sind es pharisäisch denkende Bauern? Warum werfen sie den Jün-
    gern das Ausraufen der Ähren vor, nicht aber die schlimmere
    Übertretung, das Wandern? Außerdem fehlen alle konkreten Zeit-
    und Ortsangaben...Mit solchen Hinweisen auf Schriftstellen dis-
    kutieren die Pharisäer, während Jesus sonst völlig anders argu-
    mentiert...So mag die Gemeinde diskutiert haben, wenn sie sich
    von ihren Gegnern auf ihre Gesprächsebene locken ließ und das
    durch Jesus gebrachte Neue zu wenig bedachte." Die Notiz Lk 23,
    56b "Und den Sabbat über ruhten sie nach dem Gesetz" deutet an,

V.4 entscheidet über das Sabbat-Verständnis Jesu. Er führt
zum Kern des Sabbat Jesu. Und gerade die ihm bisher 'widerfahrene'
Auslegung scheint mir signifikant für den vom Ansatz her verkehrten Weg, den die Forschung hier gegangen ist. R.Bultmann kommen-
tiert die Alternative von Mk 3,4: "Ein Drittes, ein Heiliges
Nichtstun, gibt es nicht"[1]; repräsentativ auch A.Schlatter: "Jesus kennt kein göttliches Gebot, das die Liebe verböte. Auch der
Sabbat hindert ihn an der helfenden Güte nicht."[2] Ch.Dietzfelbin-
ger hat in seinem Aufsatz "Vom Sinn der Sabbatheilungen Jesu"[3]
zahlreiche weitere Beispiele dieser Interpretation aufgeführt -
hier sei nur noch auf E.Schweizers Anmerkung im Markus-Kommentar
(S.41) verwiesen: "Wo Gutes getan werden sollte, gibt es keine
neutrale Zone, in der man weder Gutes noch Böses tut, keine Aus-
flucht, kein Recht für eine Gesetzlichkeit, die vor lauter Kor-
rektheit das Gute zu tun versäumt, also böse handelt." Klar, was
alle diese Exegeten hinter Mk 3,4 vermuten: Jesu radikales Ethos
gewährt keine kultischen Freiräume, in denen der Mensch seiner
Verpflichtungen entbunden wäre. Diese Auffassung scheint gestützt
zu werden durch Jak 4,17: "Wer da weiß, Gutes zu tun, und tut es
nicht, dem ist es Sünde" und geht konform mit einem altbundlichen
prophetischen Satz: "Es ist dir gesagt, o Mensch, was gut ist"
(Mi 6,8; vgl. ähnlich Am 5,14f; 1Sam 24,18; 25,21; Ps 35,12; Spr
31,12). Jesus würde also das sittlich Gute - auch am Sabbat - verlangen.

Ich bestreite nun entschieden, daß das Gutes-Tun hier im ethi-
schen Sinne gemeint ist. Schon der Parallelwendung "Leben retten"
kann man entnehmen, daß mehr als eine ethische Frage ansteht; sie
transzendiert das Sittliche doch in die Richtung eines eschatologischen Heilsprozesses. Wenn man die summarische Zusammenfassung
des messianischen Heilswerks Jesu in Apg 1o,38 zuzieht, erkennt
man bereits deutlich genug das in Wahrheit Gemeinte: "...die

---

daß für die ersten Christen nach Ostern das gesetzliche Sabbatverständnis in der Tat nicht einfach erledigt, sondern
noch wirksam war. So gesehen, spricht einiges dafür, daß Mk 2,
23-28 die 'rabbinische' Diskussion zwischen Urgemeinde und
Pharisäat spiegelt.   1) Theologie des NT,[6]1968, S.18
2) Der Evangelist Matthäus, 1929, S.4oo   3) dort S.281-283

Geschichte Jesu von Nazareth, wie Gott ihn gesalbt hat mit Heiligem Geist und Gotteskraft. Und er ist umhergezogen, hat Gutes getan [griech."euergetein"→hebr. "ᶜśh ṭōb"] und alle geheilt, die
der Teufel in seiner Gewalt hatte; denn Gott war mit ihm."
Drei völlig andersartige atl. Grundvoraussetzungen scheint mir
die alternative Frage Jesu Mk 3,4 zu haben:
a) die prophetische Heil-Unheil-Alternative;
b) das 'Gute' in Schöpfung und Sabbat;
c) den Festtag als "jōm ṭōb" (Tag des Sich's-gut-sein-Lassens).

a) Dem abtrünnigen Israel stellen die Propheten, besonders Jeremia, immer wieder die beiden grundsätzlichen Möglichkeiten des
Heils (haṭṭōb) oder Unheils (hā rāᶜ) vor Augen, je nachdem ob es
umkehrt und Buße tut oder nicht. Stellvertretend für viele andere
Stellen sei Jer 18,8-1o zitiert: "...Bekehrt sich dann aber ein
solches Volk...von seiner Bosheit, so lasse ich mich das Unheil
[hā rāᶜā; LXX: ta kaka] gereuen, das ich ihm zu tun[ᶜśh;
LXX: poiein] gedachte. Ein andermal spreche ich über ein Volk
und über ein Königreich, es zu pflanzen und aufzubauen; tut es
dann aber, was mir mißfällt, und hört es nicht auf meine Stimme,
so lasse ich mich das Gute [haṭṭōbā; LXX: ta agatha] gereuen, das
ich ihm zu tun [lᵉhēṭīb; LXX: poiein] gedachte." Dieselbe Alternative von 'Gutem' oder 'Bösem', sprich von Gott geschicktem Heil
oder Unheil, tritt in Jer 8,15; 14,19; 21,1o; 32,42; 39,16; 44,
27; Jes 52,7 und Mi 1,12 zutage: "Die Bewohner von Maroth harren
umsonst auf Gutes [lᵉṭōb; LXX: eis agatha] ; vielmehr Unheil
[rāᶜ ; LXX: kaka] fährt herab von dem Herrn auf die Tore Jerusa-
lems." Als Autor von 'Gutem' bzw. 'Bösem' - am treffendsten sind
die Worte an allen Stellen mit 'Heil' und 'Unheil' zu übersetzen -
erscheint stets Gott, und es ist interessant zu sehen, daß in
Jer 18,8-11 für das entsprechende Handeln Gottes wie in Mk 3,4
die Verben "ᶜśh"/"poiein" stehen; so auch in 1Sam 25,3o und Jer
33,9: " [Israel] wird ein Gegenstand des Lobpreises und des Rüh-
mens werden für alle Völker der Erde, die von all dem 'Guten'
[haṭṭōbā] hören, das ich tue [ᶜśh; LXX: poiein] , und sie werden [vor Freude] beben und zittern ob all dem Guten [haṭṭōbā;
LXX: ta agatha] und all dem Heil [šālōm; LXX: eirēnē] , das ich

ihm tue [ʿśh; LXX: poiein] .

In genauer Parallele zum "Gutes tun oder Böses tun" steht in Mk
3,4 die nähere Bestimmung "Leben retten oder verderben" - auch
sie wurzelt in der oben vorgeführten prophetischen Tradition, in
welcher stets Sein oder Nichtsein die Frage ist.

> Einige bedeutende atl. Beispiele des Mk 3,4 tragenden Paralle-
> lismus: Moses Schwiegervater Jetro freute sich vor Mose "über
> all das Gute [haṭṭōbā; LXX: ta agathā] , das Jahwe für Israel
> getan [ʿśh; LXX: poiein] , daß er sie aus der Hand der Ägypter
> errettet hatte!" (Ex 18,9) Den Brüdern gegenüber zieht Joseph
> folgendes Fazit seines Geschickes: "Ihr zwar gedachtet mir Bö-
> ses zu tun [rāʿa; LXX: ponēra] , aber Gott hat es zum Guten
> [leṭōbā; LXX: eis agathā] gewendet, zu tun, was jetzt am Tage
> ist: einem großen Volk das Leben zu retten [leḥaḥ^ajōt]." (Gen
> 5o,2o) Nach dem Bekenntnis Dtn 6,2o-25 hält Israel die Gebote,
> "auf daß es uns gut gehe allezeit [leṭōb] und er uns am Leben
> erhält [leḥajjōtēnū; LXX: hina zōmen], wie es jetzt geschieht."
> Das "Gute", das Heil, das Israel von Gott "getan" wird, läßt
> sich letztlich immer auf eines zurückführen: Lebensbewahrung
> und Lebenssteigerung, wie es denn auch in Jer 33,9 wohl nicht
> zufällig durch den Begriff "šālōm" (Frieden und rundes Wohlbe-
> finden) weiter erläutert wird (vgl. auch Dtn 28,11; Jer 14,11;
> Ps 4,7). Die Weisungen des Deuteronomiums werden in Dtn 3o,15
> mit dem nachdrücklichen Hinweis auf zwei grundsätzliche Mög-
> lichkeiten abgeschlossen: "Siehe, ich habe dir heute vorge-
> legt das Leben und das Gute [=Heil, hebr.'haṭṭōb'] und den
> Tod und das Böse [=Unheil, hebr. 'hā rāʿ'] ."

In Jesu Satz finden wir diese alternativen Möglichkeiten und die
Definition des 'Guten' als 'Lebenserhaltung' und des 'Bösen' als
'Lebensvernichtung' wieder, mit dem einen - vielleicht bezeichnen-
den - Unterschied: Ziel der Lebensrettung ist hier nicht Israel
als Volk, sondern die einzelne "psychē"[1] als Träger des Leids;
als Täter des Heils tritt an Gottes Stelle der messianische Gesandte auf.

Unverkennbar nach alledem ein Bruch in Mk 3,4: Jesus leitet
sein Argument eindeutig mit einem zu halachischen Diskussionen
passendem Fragewort ein: "Ist es erlaubt...[exestin[2]." Man

---

1) = hebr. "naefaeš": ursprüngliche Bedeutung "Hals, Schlund";
   bezeichnet dann die konkrete Einzelperson, wobei die Grundbe-
   deutung meist insofern mitschwingt, als der Mensch in der Bezeichnung "naefaeš" als vitales, sehnsüchtiges und (hilfe)be-
   dürftiges Wesen gewußt wird.
2) = hebr. "rašš'aj" (z.B. Berachot 1,4; 2,4; 5,4; 7,4); "zakkaj"
   (z.B. Schabbat 23,3) oder "muttar" (z.B. Schabbat 1,6-7).
   Auf jeden Fall halachischer Terminus.

würde nun eine Fallschilderung, die kasuistische Darlegung einer denkbaren konkreten Möglichkeit erwarten (vgl. Mk 2,24.26; 1o,2; 12,14; Joh 5,1o). Auf diese Erwartung geht Jesus nicht ein - die Redeform zerbricht; das ganze kasuistische System schrumpft zusammen auf die eine Alternative: Gutes oder Böses tun. Heil oder Unheil am Sabbat bleibt die einzig sinnvolle Frage, und sie ist rhetorisch! (Siehe dazu die folgenden Ausführungen.)

Einem ganz ähnlichen, bewußten Stilbruch begegnen wir in der Episode vom Reichen Jüngling (Mk 1o,17ff). Jesus läßt sich die Anrede "guter Meister", die ihm ein Gut-Sein im sittlichen Sinn der Torakenntnis und -erfüllung zuspricht, nicht gefallen und deutet an, daß für ihn "das Gute" etwas ist, was man auf dieser Erde eigentlich gar nicht vorfindet; er verweist abrupt auf ein andersartiges, trans-moralisches Gut-Sein, das Gut-Sein Gottes, des Urhebers des wahren Heils, das den Menschen als umfassender Schalom umgibt.

> Der Gebrauch des allgemeinen "das Gute" im Sinne (eschatologischen) Heils ist in der Jesustradition auch sonst belegt. Mt 7,11: "Er wird Gutes geben denen, die ihn bitten". Joh 1,46: "Was kann aus Nazareth Gutes kommen!"

b) Die in den ersten Kapiteln der Genesis erzählte Urgeschichte legt großes Gewicht auf das objektive Gut-Sein der Schöpfung Gottes. Ein Zustand, der diesem Gut-Sein nicht entspricht, wird aufgehoben: "Es ist nicht gut, daß der Mensch allein sei, ich will ihm eine Hilfe schaffen." (Gen 2,18) Am Abend des 3., 4. und 6. Schöpfungstages kommt es jeweils zu einer Qualitätsfeststellung des Schöpfungswerks durch Gott: "Und Gott sah, daß es gut war", bezogen auf die Pflanzenwelt, die Himmelslichter und die Landtiere (Gen 1,12.18.25). Die atl. Forschung führt hier den Begriff der 'Billigungsformel' ein. Ich würde lieber von einer 'Betrachtung Gottes am Feierabend' sprechen, in welcher das Gut-Sein des Geschaffenen 'bewußt' wird. Nach Vollendung der gesamten Schöpfung einschließlich der Schaffung des Menschen und einer ersten Schöpfungsordnung (Gen 1,27b-3o) heißt es in V.31: "Und Gott sah alles an, was er gemacht hatte, und siehe, es war sehr gut." 'Vollends' kommt das Gut-Sein der vollendeten Schöpfung in Gottes Blick in seiner Ruhe am Sabbat (Gen 2,1-3).

66

'Gut' ist also ein Prädikat der heilen, unversehrten Schöpfung im ursprünglichen Zustand. Ist es denkbar, daß Jesu Frage Mk 3,4 darauf anspielt?

Ich möchte im folgenden diese Vermutung stützen, indem ich aufzeige, daß und wie sich die Erzählung Mk 3,1-6 auf die atl. Schöpfungsgeschichte bezieht.

α) Die Erregung Jesu. Warum steigert sich Jesus in eine Art 'Heiligen Zorn': "Da blickte er voller Zorn rings herum auf sie, tief betrübt über die Verstocktheit ihrer Herzen"? Mir scheint diese ungeheure Gemütsbewegung am besten verständlich, wenn wir annehmen, daß Jesus dem Kranken im Bewußtsein des ursprünglichen und gottgewollten Gut-Seins der Schöpfung und der Geschöpfe begegnet. Der Sabbat ist nach Gen 2,1-3 der Tag, an dem dieses Gut-Sein in höchstmöglicher Weise 'bewußt' wird, der Tag, an dem die Schöpfung als vollendete in den Blick kommt. Von daher muß Jesus, der sich ja immer dem einzelnen Menschen zuwendet, zutiefst bekümmert sein ob der schwerwiegenden Verletzung eines menschlichen Geschöpfes und erzürnt ob des Nichtverstehens der Schriftgelehrten, die ihn hindern wollen, das im Sinne der Schöpfung 'Gute' zu betreiben in einer Art Neu-Schöpfung. Gerade am Sabbat, dem Tag der vollendet guten Schöpfung, muß der messianische Impetus gewaltig sein, das Gute, das Heil Gottes zu wirken.

Den Heiligen Zorn Jesu - entfacht durch den Widerspruch von ursprünglicher göttlicher Bestimmung und faktischer Befindlichkeit des Geschaffenen - finden wir auch in anderen Heilungswundern Jesu (vgl. Mk 1,41.43; 6,34; 7,34; 8,2; 9,19; Joh 11, 33.38).

β) Der Vollzug der Heilung. "Streck deine Hand aus - Und er streckte sie aus." (Mk 3,5) Ähnlich sagt der Hauptmann von Kapernaum zu Jesus: "'Sprich nur ein Wort, so wird mein Bursche gesund werden'...Und Jesus sagte zu dem Hauptmann: 'Geh hin. Wie du geglaubt hast, so soll dir geschehen!'" (Mt 8,8.13) Daß ein kurzer Befehl, der Ausspruch eines Wortes genügt, um Wirklichkeit grundlegend zu verändern - dieser Zug der wunderbaren Heilungen Jesu (vgl. noch Mk 1,41f; 2,11f; 5,141f; 7,34f; Lk 13,12f) hat nur eine biblische Parallele: die Mächtigkeit des Schöpfungswortes Gottes. So heißt es, um nur ein Beispiel zu zitieren, in Gen1,6:

"Und Gott sprach: Es werde eine Feste...Und es geschah also."
(vgl. Gen 1,3.9.11). Das Wort Jesu, das so souverän und leicht
das Gewünschte erreicht, erinnert ganz stark an das 'leichte'
Schöpferwort: das Ausgesprochene tritt prompt ein, wird sofort
in Wirklichkeit überführt. Auch diesen Zusammenhang mit der
Schöpfungsgeschichte haben die Evangelien sprachlich klar erfaßt
durch ein griech. "eythys" bzw. "parachrēma" (= prompt, auf der
Stelle) am betreffenden Ort (Mk 1,42; 2,12; 5,29.42; 7,35; Mt8,3;
Lk 4,39; 8,44.47.55; 13,13). Von daher könnte man sagen, Jesus
vollzieht in seinen Heilungen Neu-Schöpfung. Gottes Schöpfung am
Anfang erhielt das Werturteil 'gut'. Jesu Neuschöpfung wird von
der Menge im Falle des geheilten Taubstummen ähnlich gepriesen:
"Und sie erstaunten in höchstem Maße und sprachen: Er hat alles
gut gemacht [griech. 'kalōs panta pepoiēken']." (Mk 7,37)
ɤ) Die Heilung als Apokatastasis. Der Heilerfolg wird in Mk 3,5
(wie übrigens auch in Mk 8,25b beim Blinden) mit dem Begriff der
Apokatastasis als "Wiederherstellung der Hand" konstatiert. Damit
ist zunächst natürlich die Wiederherstellung der Gesundheit gemeint, etwa im Sinne von Klgl 1,16: "Fern von mir ist der Tröster,
der mein [vollständiges] Leben wiederherstellen könnte [hebr.
'mēšib nafši'] ." Doch scheint mir eine tiefere theologische Bedeutung mitzuschwingen: das Empfinden der Wiederherstellung eines Schalomzustandes, wie er der guten Schöpfung Gottes entspricht. Durch jeden einzelnen verletzten Menschen ist die Schöpfung versehrt, herabgemindert - Jesus bringt die Geschöpfe Gottes
wieder in ihren ursprünglichen, schöpfungsgemäßen Zustand. Diese
Interpretation begünstigt auch die parallele Sprache von Mk 7,31-
37 und 8,22-26. Jes 35,5-6, die prophetische Verheißung, verklam-
mert beide Heilungswunder, und es liegt nahe, in Mk 8,25b (der
Kranke wurde "wiederhergestellt") und Mk 7,37 ("er hat alles
[wieder] gut gemacht") zwei sprachliche Varianten ein und desselben theologischen Topos zu sehen. Punktuelle Wiederherstellung
oder Wieder-gut-Machung der Schöpfung ist ein wichtiges Motiv
der Heilungen Jesu. Wenn man H.Gese folgt (Vom Sinai zum Zion,
S.29.76), geschieht darin bereits 'Sabbat', denn das ureigentli-
che Wesen des Sabbat sei restitutio mundi in integrum, der

Sabbat ursprünglich "Tabutag, an dem das ursprüngliche, schöpfungsgemäße Sein der Welt unverletzt erhalten bleibt", Tag der intakten, heilen Schöpfung.

Heute, da die gute Schöpfung Gottes nicht nur an den Punkten siecher Menschen, an ihrer Krone, versehrt ist, sondern an ihrem ganzen Leib blutet, da auch der Kreatur von der technikbesessenen Menschheit Leid zugefügt wird, sollte man den 'Heiligen Zorn' der Eppler, Gruhl und vieler anderer prophetischer Mahnrufer als sabbatliche Tat analog dem Heiligen Zorn Jesu verstehen. Der Heilige Zorn neben dem bergeversetzenden Glauben war immerhin eine der Kräfte Jesu, wunderbare Heilungen kranker Menschen zu wirken[1]. Vielleicht bewirkte der vereinte Heilige Zorn vieler Freunde der Schöpfung Gottes ähnliche Wunder der Heilung der Schöpfung, Apokatastasis.

c) Schon die zweite, unter b) dargestellte atl. Tradition ließ das Gut-Sein von Schöpfung als einen wesentlichen Bewußtseinsinhalt des Sabbat-Feiernden erkennen.

Die Affinität des 'Guten' im Sinne von umfassendem Schalom zum Feiertag erhellt auch aus einer Episode aus Davids Wanderzeit (1Sam 25,4-8):

David hörte in der Steppe davon, daß Nabal Schafschur hielt. Da sandte er zehn Burschen hin und gab ihnen den Auftrag: "Geht zum Karmel hinauf, und wenn ihr zu Nabal kommt, entbietet ihm in meinem Namen den Friedensgruß. Dann sprecht zu meinem Bruder: Friede [šālōm] sei dir! Friede deinem Hause! Friede allen, die zu dir gehören! Ich habe gehört, daß du Schafschur hältst; deine Hirten waren bei uns. Wir haben ihnen nichts Böses angetan. Es hat ihnen an nichts gefehlt, solange sie in Karmel waren. Frage deine Leute, die werden es dir bestätigen! So mögen denn diese Männer vor deinen Augen Gnade finden; denn wir sind ja zu einem Gut-Tag ["jōm ṭōb"] gekommen. Gib also deinen Knechten und deinem Sohne David, was du zur Hand hast!"

Welcher Feiertag hier gemeint ist, läßt der Textzusammenhang nicht mehr erkennen. Jedenfalls entnehmen wir, daß David an einem Gut-Tag Gutes, nämlich Freundlichkeit und Hilfe, Schalom in besonderer Weise erwarten durfte.

Auch Est 8,17; 9,19.22 erwähnen die Feier zweier Gut-Tage, nämlich "den vierzehnten und den fünfzehnten Tag des Monats Adar

---

1) Vgl. O.Betz/W.Grimm, Wesen und Wirklichkeit der Wunder Jesu, S.3o-66.

als die Tage, an denen die Juden Ruhe vor ihren Feinden fanden,
und als den Monat, in dem sich der Kummer für sie in Freude und
die Trauer zum Gut-Tag ["jōm ṭōb"] gewandelt hatte, so daß sie diese Tage feierten als Tage der Festgelage und der Freude, an denen
sie sich gegenseitig Geschenke sandten und auch die Armen bedachten." (Est 9,22)

Zwei der für Mk 3,4 behaupteten atl. Grundvoraussetzungen treffen
in einer für die Verkündigung Jesu auch sonst wichtigen prophe-
tisch-eschatologischen Stelle zusammen, in Jes 56,1-2:

> Bewahrt das Recht und tut Gerechtigkeit,
> denn genaht ist mein Heil zu kommen
> und meine Gerechtigkeit offenbart zu werden.
> Heil dem Menschen, der dies tut,
> und dem Menschensohn, der sich daran hält;
> der den Sabbat bewahrt,
> weit entfernt davon, ihn zu entweihen,
> der seine Hand bewahrt,
> daß sie weit entfernt davon ist,
> irgend etwas Böses zu tun.

Das "Böse" ("rāᶜ"), das nach Jes 56,2 am Sabbat auf gar keinen
Fall getan werden darf, versteht sich im Textzusammenhang als
klarer Gegensatz, als Alternative zum Heil, wie es mit den Be-
griffen "mišpāṭ", "ṣᵉdāqā" und "jᵉšuᶜā" (Recht , Gerechtigkeit
und Heil) umschrieben wird. In der Wendung "Heil dem Menschen,
der dies tut" bezieht sich "dies" auf die genannten Termini des
Heils. Sie alle transzendieren das Sittliche. Die radikale War-
nung vor jeglichem Bösen am Sabbat setzt ein Wissen um die Affinität des Sabbat zum 'Guten' voraus. Daß nun der Mensch hier zum
Tun des Guten aufgerufen wird, bedeutet also keineswegs eine
bloß sittliche Qualität des Gutes-tun. Vielmehr: In der Zeit des
unmittelbar nahegekommenen Heils (vgl. Jes 56,1-2 in Mt 4,17; 6,
33) sieht sich der Mensch in besonderer Weise gefordert, Gottes
Handeln zu entsprechen, am Heil mit-zu-wirken.
Eine direkte Bezugnahme von Mk 3,1-6 auf Jes 56,1-2 erscheint
erwägenswert, speziell eine Anspielung auf Jes 56,2bβ: "der seine Hand bewahrt, weit entfernt davon, irgend etwas Böses zu tun"
- das "seine" konnte Jesus bzw. Markus auch auf die gelähmte
Hand des Kranken beziehen und das "bewahren" im Sinne von "in
den ursprünglichen Status versetzen" = "retten" verstehen.

Fassen wir das Entscheidende zusammen: Als Jesus das Wort ergreift und mit einem "Ist es erlaubt?" anhebt, erwarten die anwesenden Pharisäer und Schriftgelehrten mit Grund die Darlegung eines konkreten Falles und Beweisführung und Entscheidung auf der Ebene einer halachischen Diskussion. Was nun aber von Jesus kommt, paßt nicht in ihre Denkform. Wer den Sabbat halachisch 'bewältigt', dem stellt sich nicht die Frage Gutes-tun oder Böses-tun, sondern nur die Frage Tun oder Nichttun als solches. Grundlegend für den Standpunkt der Gegner Jesu mag der Satz des Synagogenvorstehers von Lk 13,14 gewesen sein: "Sechs Tage gibt's, an denen man arbeiten soll, an diesen nun kommt und lasset euch heilen und nicht am Sabbattag." Das Heilen Jesu hat man also unter der Kategorie 'Arbeiten' gefaßt (während es im Sinne Jesu doch eschatologischer Heilsprozeß war!) und von einer Maxime her beurteilt, die der in Schabbat 19,1 überlieferten ähnlich gewesen sein muß: "Jede Arbeit, die man auch am Vorabend des Sabbat hätte ausführen können, verdrängt den Sabbat nicht; diejenigen aber, die man nicht am Vorabend des Sabbat hätte ausführen können, verdrängen den Sabbat." Jesu in Mk 3,1-6 geschilderte Tat zählte man, da keine unmittelbare Lebensgefahr bestand, gewiß zu den Arbeiten, die man auch am Vorabend des Sabbat ausführen kann.

Jesu fast rhetorische Frage sprengt natürlich die halachische Denkform und setzt unvermittelt eine prophetisch-eschatologische an ihre Stelle. Der Sabbat ist der von Gott für das _Gute_ prädestinierte Tag, der Gut-Tag, der von Anfang an dem Menschen zum Schalom (Freude, Friede) eingeräumt ist, der Feiertag, an dem das Gut-Sein der Schöpfung deutlich bewußt sein soll, und darum auch in der messianischen Zeit der Tag, an dem der Messias vorzugsweise Leben rettet, verstörte Schöpfung an der Stelle eines versehrten Menschen wieder in Ordnung bringt. Am Sabbat durch Unterlassung einer möglichen Heilung Böses, Unheil zu wirken, erscheint, daran gemessen, geradezu als eine perverse Vorstellung.

5. Sabbat - der Heilstag

In seinem schon genannten Aufsatz (siehe S. 55) fordert Ch.
Dietzfelbinger, die Sabbatheilungen Jesu als Kommentar zu seiner
Rede von der Gottesherrschaft zu interpretieren. "Der Sabbat
wird bei Jesus zu dem Tag, an dem in hervorgehobener Weise Gottes
Zur-Herrschaft-Kommen angesagt und vom Menschen wahrgenommen und
empfangen werden soll. . . Muß...nicht Jesus gerade den Sabbat
nutzen als den Tag, an dem er, wenn die Gelegenheit sich ergibt,
Gottes Zur-Herrschaft-Kommen demonstriert? Muß er dann nicht gerade am Sabbat dem bedrohten und zerstörten Menschen Gottes hei-
lende Kraft zukommen lassen?...Er versteht 'Werk Gottes' im Horizont der durch ihn angekündigten, in seinem Verhalten sich reali-
sierenden Herrschaft Gottes: 'Blinde werden sehend, und Lahme gehen, Aussätzige werden rein und Taube hören, Tote werden aufer-
weckt und Armen wird die frohe Botschaft gebracht.' (Mt 11,5)
Im Heilwerden des Menschen also verwirklicht sich Gottes Herrschaft. Wenn nun der Sabbat der Tag ist, an dem der Mensch davon
in hervorgehobener Weise erfahren soll, dann muß Jesus gerade den
Sabbat dazu benutzen, um den Menschen zu restituieren." (S.296f)

In der jüdischen Tradition finden wir in der Tat Hinweise auf
die Möglichkeit einer solchen Zusammenschau von Basileia Gottes
und Sabbat[1]. Jub 5o,9f charakterisieren den Sabbat als Ruhe-
und Festtag und als "Tag des Heiligen Reiches für ganz Israel".
Er ist "geseßneter" als alle Jubeltage der Jubeljahre, denn "an
ihm hielten" die Engel mit Gott "Sabbat im Himmel, ehe es allem
Fleisch gezeigt ward, an ihm Sabbat zu halten auf der Erde". Am
Sabbat geschieht nach Jub 2 - das offenbare Reich Gottes vorweg-
nehmend - der Wille Gottes "wie im Himmel so auf Erden"(Nicht
zufällig hat diese Wendung des Vaterunsers in Jub 2,18.3o die
nächste Parallele); der Sabbat vereinigt himmlische und irdische
Welt und dehnt für die Zeit eines Tages Gottes sichtbare Herrschaft auf das irdische Israel aus.

---

1) In jüngster Zeit hat F.Gölz (Vom biblischen Sinn des Sabbat,
   in: Theologische Beiträge 1978, S.243ff) den jüdischen Sabbat
   als Tag der manifesten Königsherrschaft Gottes herausgestellt.

72

Mekh.Ex 31,13 vergleicht gar _explizit_ den Sabbattag hinsichtlich seiner Art mit der künftigen Welt, die _ganz_ Sabbat sei:

> Denn ich bin der Ewige, der euch Heiligkeit macht für die künftige Welt, _ähnlich wie_ die Heiligkeit des Sabbats in dieser Welt. Wir werden lernend erfunden (daraus ergibt sich), daß sie [die Heiligkeit des Sabbats] von der Art der Heiligkeit der künftigen Welt ist. Und ebenso heißt es [Ps 92,1]:"Psalm, Lied für den Tag des Sabbats", d.i. für die Welt, welche ganz Sabbat ist.

Die eschatologische Komponente im Sabbat Jesu hat Ch.Dietzfelbinger völlig richtig gesehen; nur vermag er nicht den exegetischen Knotenpunkt von Sabbat und Gottesherrschaft anzugeben. Ich behaupte, daß Jes 61,1-2 dieser Knotenpunkt ist:

> Der Geist des Herrn Jahwe ruht auf mir,
> denn Jahwe hat mich gesalbt;
> er hat mich gesandt,
> den Armen die Frohbotschaft zu bringen,
> zu heilen, die gebrochenen Herzens sind,
> auszurufen für die Gefangenen Freilassung
> und für die Gebundenen Lösung der Fesseln,
> auszurufen das Gnadenjahr Jahwes...
> zu trösten alle Trauernden...
> ihnen zu geben Schmuck statt Schmutz,
> Freudenöl statt Trauergewand,
> Dankgebet statt Verzweiflung!

Zunächst bestreitet heute niemand ernsthaft, daß Jesus seine messianische Sendung und Gottesreichverkündigung mindestens auch von dieser prophetischen Stelle her verstanden hat. Sie spiegelt sich eindeutig in den Seligpreisungen Mt 5,3ff/Lk 6,2off; Lk 14, 21; Mt 11,2-6; Lk 13,16; Mt 12,28; allgemein in den Worten vom Gekommensein Jesu, die sein Von-Gott-gesandt-Sein besagen, und in seiner Vollmacht Sünden zu vergeben[1]. Als Gottesherrschaft-Stelle eindeutig ausgewiesen ist Jes 61,1-2 in Mt 12,28: Geistbesitz und Geist-Wirken als Merkmal sich realisierender Gottesherrschaft.
Nun erscheint aber das messianische Werk von Jes 61,1-2 an eine bestimmte Zeit gebunden, nämlich an das "Gnadenjahr Jahwes",

---

1) Vgl. dazu den Nachweis in meinem Buch "Weil Ich dich liebe", S.68-151.

eine Umschreibung eschatologischer Heilszeit nach der Weise des altbundlichen Sabbat- bzw. Jobeljahres (Dtn 15,1ff; Lev 25)[1]. Dieses endzeitliche 'Sabbatjahr' von Jes 61,1ff ist, Jesu Antrittspredigt in Nazareth zufolge (Lk 4,16ff), "heute", d.h. im Wirken Jesu angebrochen. Mit anderen Worten: Die messianische Zeit Jesu ist 'Sabbat'zeit, der Sabbat Symbol des Heils, eine bestimmte Qualität des messianischen Werkes anzeigend.

> Die Sabbattage in der 'Sabbat'zeit ziehen nun gewissermaßen das Heil an, verstehen sich als Kulminationspunkte eines eschatologischen Sabbatjahres, sind als Sabbate im Quadrat heilsverdächtig und heilsträchtig und empfangen ihre Inhalte wie von selbst durch Jes 61,1-2. Ja, man könnte bei Mk 3,1-6; Lk 13,1o-17 vom Sabbat hoch drei sprechen: (synagogale) Sabbatfeier<u>stunde</u> am Sabbat<u>tag</u> im Sabbat<u>jahr</u> erzwingt Heil.

Sowohl die Synoptiker als auch Johannes haben das Wissen um die Bedeutung des Sabbat im Werk Jesu bewahrt.

Jesus wirkt das einem Sabbattag im Sabbatjahr gebüh - rende Heil, indem er Kranke gesund und Besessene frei macht. Genau dazu ist ja der Gesalbte von Jes 61,1-2 in Sabbatzeit beauftragt: zum "ḥbš"/"iasasthai" (=Heilen) und zum Ausrufen einer "d^{e}rōr"/"aphesis" (=Freilassung; vgl. Lev 25,1o) für die Gefangenen, einer "Lösung der Fesseln" für die Gebundenen (V.1). Letzterer Vorgang wird von LXX und Lk 4,18 als "anablepsis typhlois" = "Öffnung der Augen der Blinden" interpretiert.

a) Von daher ist es vielleicht doch nicht Zufall, sondern wohl bedacht, daß Markus die erste Geistaustreibung und die ersten wunderbaren Heilungen an einem Sabbattag geschehen sein läßt (Mk 1,21-34).

b) Deutlicher spielt Johannes an. Seine hintersinnige Bemerkung "An jenem Tag [sc. als Jesus den Gehunfähigen heilte] war Sabbat" (Joh 5,9b) will den Zeichencharakter des Wunders und die messianische Schrifterfüllung im Wunder[2] bewußt machen. Sabbat-Zeit

---

1) In "Weil Ich dich liebe" (S.98f) wurde gezeigt, wie Lev 25; Dtn 15 und Jes 61,1ff, in eins geschaut, im Qumran-Fragment 11 Q Melch die exegetische Basis einer bestimmten Endzeiterwartung bilden, in der es um 'Freilassungen' im Sinne der Vergebung der Sünden und der Befreiung von dämonischen Mächten in heilszeitlichem 'Sabbat'jahr geht.
2) Vgl. O.Betz/W.Grimm, Wesen und Wirklichkeit der Wunder Jesu, S.132f. Vgl. ähnlich hintersinnige Notizen bei Joh in 21,11 (153 Fische) und vor allem 13,3o ("es war aber Nacht").

und die Art und Weise der Heilung, die als Freiwerden von Fesseln
erlebt werden konnte, bezeugen beide deutlich die messianische Erfüllung von Jes 61,1-2. Wieder gerät Jesus, der den letzten Sabbat
vorweg- und den Sabbattag als Tag des 'gelösten Lebens' wahrnimmt, in
Konflikt mit dem jüdisch-pharisäischen Sabbatverständnis, das den
Sachverhalt halachisch klären will und darum argumentiert: "Es
ist nicht erlaubt..."(V.1o). Joh bringt den Konflikt auch sprachlich zur Darstellung: Die Juden sprechen davon, daß Jesus am Sabbat etwas "getan" habe (poiein); im Jesuswort (V.17) ersetzt die
Vokabel "ergazesthai" das profane "poiein". "Ergazesthai" hat bei
Joh oft die Bedeutung "(Heil)wirken" (vgl. 6,27f.3o; 9,4) und gehört zum messianischen Vokabular.
c) Noch deutlicher die fast gleichlautende Anmerkung in Joh 9,14:
"Es war aber an einem Sabbattag, als Jesus den Brei gemacht und
seine [sc. des Blinden] Augen geöffnet hatte." Wenn man Jes 61,1b
die "Öffnung", wie es ja auch die Septuaginta tut, auf die Öffnung von blinden Augen bezog, konnte man in dem in Joh 9,1-13 be-
richteten Geschehen Jes 61,1-2 zweifelsfrei in Erfüllung gehen
sehen; die beiden Tatsachen, daß es Sabbattag war und daß einem
Blinden Öffnung der Augen geschah, legten wiederum doppeltes
und nach der Bedingung von Dtn 19,15 'wahres' Zeugnis ab.
Auch hier prallt Jesu heilszeitliches Sabbatverständnis nach
Jes 61,1f hart auf die pharisäische Lehre. Was für Jesus und Johannes Enthüllung des verborgenen und Erfüllung des letzten Sinns
des Sabbat, ist für die Pharisäer Sabbatbruch und evidente Wider-
legung des messianischen Anspruchs Jesu. Sie argumentieren, daß
ein "Mensch, der den Sabbat nicht bewahrt", nicht von Gott sein
könne (V.16). Vielleicht denken sie dabei an Jes 56,2, das die
Offenbarung der eschatologischen Gerechtigkeit ankündigt: "Wohl
dem Menschen, der den Sabbat bewahrt, entfernt davon, ihn zu entweihen...". Notwendigerweise führen die vom Ansatz her verschiedenen Sabbatverständnisse zur "Spaltung" (V.16: "schisma") und
zur "Scheidung" (V.39: "krima") unter den Juden.
d) Während in Mk 3,4 Jesus mit seiner "Ist-es-erlaubt"-Frage
mehr die schöpfungsgemäße Bestimmung des Sabbat zum Gut-Tag an-
sprach, verweist nach Lk 14,3 die formal gleiche Frage "Ist es

am Sabbat erlaubt zu heilen oder nicht" auf Jes 61,1-2, ist jedenfalls von daher eindeutig mit Ja zu beantworten; denn das Heilen ist ein der 'Sabbat'zeit zugeordneter messianischer Prozeß.
e) Am entschiedensten beruft sich Jesus bei der Heilung der gekrümmten Frau (Lk 13,1o-17) auf den dem Sabbat von Jes 61,1f zu-
gewiesenen Sinn.
Schon sein rettendes Wort "Frau, sei gelöst von deiner Krankheit"
(V.12) gebraucht die aus Jes 61,1 und 58,6 "löse ungerechte Fesseln, zerreisse die Knoten des Jochs" bekannte Wendung für den
Heilungsvorgang[1].
Das Argument von V.16 enthüllt in dreifacher Weise die Ungeheuer-
lichkeit der Antwort des Synagogenvorstehers (V.14): die lange,
Barmherzigkeit erheischende Dauer der Krankheit, die Zugehörig-
keit der Frau zum erwählten Volk Israel und die Tatsache des Sabbat zwingen zur messianischen Intervention.

> Das betonte "am Sabbattag" in der Antwort Jesu ist keineswegs
> konzessiv zu verstehen: "obwohl heute Sabbat ist"; man müßte
> es vielmehr übersetzen: "gerade heute am Sabbattag".

Die Frage Jesu lehnt sich in ihrer sprachlichen Gestalt eng an
Jes 61,1-2 und 58,6 an und verrät, daß Jesus die Heilung in dem
Bewußtsein vollzogen hat, sabbatliches Heil im Sinne der endzeitlichen Befreiung von Fesseln (des Satans) zu wirken. "Gelöst werden ['apolythēnai'] von der Fessel [apo tou desmou'] ", mit welcher der Satan "gebunden hatte ['edēsen'] " - diese bildhafte Beschreibung nach Jes 58,6 (dort in LXX die Verben "lyein" und "dia-
lyein" sowie das Substantiv "syndesmos" = Fessel) faßt das Geschehen als Befreiungstat, in welcher der Messias als der Stärke-
re die Macht des Satans bricht. Vor allem aber die Spannung der
Zeitangaben kennzeichnet Jesu Heilstat als Sabbatereignis: "Diese
aber, eine Tochter Abrahams, die der Satan - aufgepaßt! - 18 Jahre gebunden hielt - mußte sie nicht gelöst werden von dieser Fessel am Sabbattag?" Wie das Sabbatjahr im Alten Bund der Zeitpunkt
ist, der eine lange sechsjährige Sklavenschaft eines Hebräers be-
enden muß , so muß die dreimal so lange Knechtschaft der vom Satan gebundenen Tochter Abrahams im endzeitlichen Sabbatjahr am
Sabbattag - also in Sabbatzeit in Potenz - beendet werden.

---

1) Lk 13,12: "apolelysai"; Jes 58,6: "pattēah"/"lye" bzw.
   "hatter"/ "dialye"

Jesu Argument Lk 13,16 berührt sich sprachlich mit Jes 58,6 mindestens deutlicher als mit Jes 61,1-2. Hat Jesus überhaupt Jes 61,1-2 mitbedacht?

Ich vermute, daß Jesus in der Tat wie in Lk 4,18f so auch in 13,16 Jes 58,5f und 61,1-2 intuitiv in eins schaute. Denn diese beiden Stellen haben ja nicht nur das Motiv der Befreiung (griech."aphesis") der Gebundenen gemeinsam, sondern auch die bestimmte Zeit der "Gnade Jahwes", in welcher die Befreiung erfolgen soll: Jes 61,2 spricht vom "Jahr der Gnade" , Jes 58,5 vom "Tag der Gnade" . Jesus konnte natürlich den "Tag der Gnade Jahwes" mit dem Sabbattag identifizieren. Gerade wenn wir ein In-eins-Denken beider Stellen durch Jesus voraussetzen dürfen, verstehen wir sein Argument Lk 13,16, die Spannung in den Zeitangaben, vollends: daß nach Jahren der Fesselung im eschatologischen Sabbatjahr , zumal am Sabbattag die Befreiung erfolgen muß.

Eine von den Exegeten oft beachtete Tatsache, daß Jesus in seiner Antrittspredigt in Nazareth (Lk 4,19) das Zitat von Jes 61,2 vor dem "Tag der Rache" abgebrochen hat, wird unter der Annahme einer Zusammenschau von Jes 58,5f und 61,1-2 noch begreiflicher, als sie es vom Wesen der Jesusverkündigung her schon ist: Jes 58,5f spricht nur von einem "Tag der Gnade"; außerdem schließt die als Sabbat ernst genommene Heilszeit eine wie immer geartete Rache im Grunde aus. Es kennzeichnet nun allerdings den jesuanischen Schriftgebrauch von Jes 61,1-2, daß der Gerichtsgedanke - ganz im Unterschied zur Endzeiterwartung in 11 Q Melch - eliminiert ist.

Der messianische Sabbat in Jesu Heilungen hat somit vor allem das Moment der Befreiung bewahrt, wie es dem altbundlichen, sozialen Sabbat eignete (Ex 21,2ff; Dtn 5,15; 15,1-3), ja die 'Befreiung' entscheidend ausgedehnt: Jesus vollbringt sein sabbatliches Befreiungswerk im Kampf mit außermenschlichen Mächten des Bösen, die den einzelnen Menschen in Fesseln der Schuld und Krankheit schlagen. Das Leid und seine Ursachen sind hier noch schärfer gesehen und die Erlösung radikaler vollzogen.

6. Die 'bewußte' Begehung des Sabbat

In der rabbinischen Gesetzgebung werden vorsätzliche und unwissentlich begangene Sabbatverletzungen unterschiedlich, nämlich als mehr oder weniger schwerwiegend beurteilt.

> Eine wichtige Regel hat man bezüglich des Sabbat gesagt:
> Jeder, der das Grundgesetz des Sabbat vergessen hat und mehrere Arbeiten an mehreren Sabbaten verrichtet, ist nur ein Sündopfer schuldig;
> wer aber um das Grundgesetz des Sabbat weiß und mehrere Arbeiten an mehreren Sabbaten verrichtet, ist für jeden einzelnen Sabbat schuldig;
> und wer weiß, daß es Sabbat ist, und mehrere Arbeiten an mehreren Sabbaten Verrichtet,
> ist für jede einzelne Arbeit schuldig;
> und wer mehrere Arbeiten von der Art einer Arbeit verrichtet, ist nur ein Sündopfer schuldig.
> - Mischna Schabbat 7,1

In gewissem Sinne stellt der Ausspruch Jesu gegenüber einem am Sabbat 'arbeitenden' (griech."ergazesthai") Menschen diese Lehrmeinung auf den Kopf: "Mensch, wenn du weißt, was du tust, bist du selig zu preisen; wenn du's nicht weißt, bist du verflucht und ein Übertreter des Gesetzes." (Lk 6,5 Handschrift D) Gerade über unbewußtes Arbeiten am Sabbat, nach rabbinischer Lehre weniger verwerflich, spricht Jesus sein Verdikt aus und fordert ein Höchstmaß an Bewußtheit, zu wissen, was man tut.

Genau betrachtet, gilt Jesu Seligpreisung einem messianischen Sabbat-'Bewußtsein', wie es dem pharisäisch-halachischen diametral entgegengesetzt ist; sie gilt dem Menschen, der den ursprünglichen und letztendlichen Sinn des Sabbat (wieder)entdeckt und ins Bewußtsein gehoben hat.

Den Spruch Jesu, m.E. authentisch, möchte ich wie folgt paraphrasieren: Verflucht und als Gesetzesübertreter gelte derjenige, der am Sabbat arbeitet nicht etwa, weil er den Sinn des Sabbat in der neuen (und alten) Weise Jesu versteht, der sich unter Umständen in einem Tun erfüllen kann, sondern weil er sich des Sabbattages entweder einfach nicht bewußt ist oder aber mit dem alten Bewußtsein, dem pharisäisch geprägten Gewissen, gegen ein von ihm als solches gewußtes Gesetz Gottes verstößt.

Selig ist, wer wie Jesus den Sabbat bewußt in seinem ursprünglichen und letztendlichen Sinn begeht, konform mit der Schrift,
nicht aber mit der pharisäischen Halacha. Der Sinn des Sabbat
kann sich sehr wohl in einem "ergazesthai" (arbeiten, wirken)
ausdrücken, wenn es eine Gut-Tat bezeichnet, die dem Menschen
zum Wohl oder Heil gereicht (vgl. Joh 5,17!).

7.   Sabbat-Verkündigung im NT

In einem kurzen Durchgang streifen wir noch einige wesentliche
Sabbat-Aussagen des NT.s, soweit sie nicht unmittelbar von
Jesus stammen.

Bereits in III 3 (S.24ff) vermuteten wir eine Beziehung von Röm
8,19-23 zum altbundlichen Sabbat:

19 Denn das sehnsuchtsvolle Gespanntsein der Schöpfung
   richtet sich auf das Offenbarwerden der Söhne Gottes.
2o Denn der Leere wurde die Schöpfung unterworfen...auf
   Hoffnung hin,
21 denn auch die Schöpfung selber wird befreit werden von
   der Knechtschaft der Vergänglichkeit zur Freiheit der
   Herrlichkeit der Kinder Gottes.
22 Denn wir wissen, daß die ganze Schöpfung bis jetzt noch
   gemeinsam seufzt und in Wehen liegt.
23 Und nicht nur diese, sondern auch wir selbst, die wir
   die Erstlingsgabe des Geistes schon besitzen, auch wir
   selbst seufzen im Blick auf uns selbst, weil wir die
   Sohnschaft erwarten, die 'Freilassung' unseres Leibes.

Das Leiden, die "Leere" (mataiotēs), die ein "sehnsuchtsvolles
Gespanntsein" (apokaradokia) auf die letzte Offenbarung bewirkt,
das Seufzen, Stöhnen, In-Wehen-Liegen, die "Knechtschaft der Vergänglichkeit" sowie die Aussicht auf die "Befreiung zur Freiheit
der Herrlichkeit der Kinder Gottes" - solche Erfahrungen teilen
sämtliche Geschöpfe miteinander: sprachlich artikuliert wird diese Solidarität durch den umfassenden Begriff "ktisis" (=die Ge-
samtheit der Schöpfung oder auch jegliches einzelne Geschöpf. Vgl.
O.Michel, Römer, S.266) sowie das verbindende Präfix "syn" vor
den entsprechenden Verben.
Die Zuversicht des Apostels zur Miterlösung der Pflanzen- und
Tierwelt hat eine Grundlage in der allgemeinen Erwartung des

Judentums, das von der 'Erneuerung der Schöpfung' spricht (4Esr
7,75; ApkBar 32,6; vgl. schon Jes 65,17ff), verrät sich aber auch
als eine Sabbat-Hoffnung durch ihre sprachliche Form: Die Beschreibung der letzten Erlösung als "Befreiung von der Knechtschaft..."
und "Freilassung" ("apolytrōsis" V.23 = "d^{e}rōr" Lev 25,1o; Jes 61,
2. Vgl. O.Michel, Römer, S.27o) neben der Einbeziehung des Tieres
in diesen Vorgang erinnert stark an den Sinngehalt des altbundlichen Sabbat, der gerade auch 'Knechte' für einen Tag von der Last
"befreit" (vgl. Ex 2o,1o; 23,12; Dtn 5,14f), sowie an Jes 61,1-2.
So mag Paulus eines früheren Sabbattages begrenzten Schalom für
Mensch und Tier als etwas dem vollen (Sabbat-)Heil am Ende der
Zeit Vor-Läufiges hoch eingeschätzt haben.

An dieser Stelle sei auf einen bisher nicht beachteten 'roten Fa-
den' des Mt-Evangeliums hingewiesen, auf den mich Kirchenrat Dr.
Manfred Kuntz, Freudenstadt, aufmerksam gemacht hat.
Kuntz ist aufgefallen, daß Mt Jesus als den "menschgewordenen
Sabbat" darstellt, in dem die Ruhe Gottes zur Vollendung kommt.
Vorsichtiger formuliert: Das Jesus-Ereignis ist für Mt Sabbat-
Ereignis, deutlich an den Eckpfeilern des Evangeliums:
1) Der ausführliche Stammbaum im ersten Kapitel schließt mit der
Feststellung: "Alle Glieder von Abraham bis auf David sind 14
Glieder. Von David bis auf die babylonische Gefangenschaft sind
14 Glieder. Von der babylonischen Gefangenschaft bis auf Christus
sind 14 Glieder" (V.17), und dann heißt es ohne Übergang: "Die Geburt Jesu Christi geschah aber also." (V.18) Dreimal 14 Genera-
tionen oder 6 mal 7 - sollte damit von Anfang an, bereits mit den
ersten Sätzen des Evangeliums, bedeutet sein: Mit der Geburt des
Königs Jesus beginnt die siebte Weltwoche; Gottes letzter großer
Sabbat ist mit Jesus angebrochen?
2) Das Evangelium schließt mit der Zusage des erhöhten Christus:
"Siehe, ich bin bei euch alle Tage bis zur Vollendung der Welt
[heōs tēs synteleias tou aiōnos] ." Das der "synteleia" entsprechende Verbum "syntelein" = "vollenden" bezeichnet in Gen 2,
1-3 LXX zweimal die Vollendung der Schöpfung, die den Sabbat
Gottes bedeutet: Mit der Erhöhung des Christus kommt eine letzte,

endgültige Sabbat-Ruhe in Sicht.

Der Anbruch eines letzten Sabbat (Mt 1) bzw. sein Bevorstehen (Mt 28,2o) geht Hand in Hand mit einer äußerst intensivierten Gottesbeziehung, einer besonderen Nähe Gottes zu den Menschen: Mt 1,23f gibt dem geborenen Messias den Namen "Immanuel" = "Gott mit uns"; der erhöhte Christus sagt nach Mt 28,2o zu: "Ich bin bei euch." Damit vertritt er Gott selbst (vgl. Jes 41,1o; 43,2.5).

3) Mitten im Evangelium steht Jesu Ruf zum Sabbat, nur von Mt überliefert: "Kommet her zu mir, ihr Müden und Beladenen, ich will euch zur Ruhe führen." (siehe S. 45).

4) Die erste der fünf großen Reden des Mt-Evangeliums behandelt in ihrem ersten Kapitel (Mt 5) sechs Themen des Gesetzes: vom Töten - vom Ehebrechen - von der Ehescheidung - vom Schwören - vom Wiedervergelten - von der Feindesliebe. Am Schluß heißt es: "Seid nun vollkommen ['teleioi'] , wie euer himmlischer Vater vollkommen ist!" (Mt5,48) "teleios" läßt sich hier u.E. am besten vor dem Hintergrund der am Sabbat vollendeten Schöpfung (Gen 1-2) verstehen, meint dann also weniger eine sittliche Vollkommenheit, vielmehr ein Auf-die-Vollendung-ausgerichtet-Sein entsprechend dem Schöpfungswerk, das Gott durch sechs Tagewerke zur Vollendung brachte. Das Wort Jesu könnte ungefähr bedeuten: Seid in eurem ganzen Tun, in euren 'sechs Werken' auf das Ziel gerichtet, auf die Vollendung der neuen Schöpfung Gottes.

5) Die letzte der fünf großen Reden, die uns Mt überliefert, (Mt 25) zählt in der großen Vision vom Weltgericht (V.31-46) sechs Liebeswerke des täglichen Lebens auf: Hungrige speisen, Durstige tränken, Fremdlinge beherbergen, Nackte bekleiden, Kranke besuchen, zu Gefangenen gehen[1]. Mit der Offenbarung des Menschensohns in Herrlichkeit ist die Zeit dieser 'sechs Werke' vorbei, ist sozusagen 'Sabbat': Zeit, sie zu betrachten.

---

1) Vgl. zur Sechszahl bei Mt noch die sechsmalige Erwähnung eines Berges, auf den Jesus gestiegen sei, wobei jeweils bestimmte messianische Funktionen zugeordnet scheinen: 1. Mt 4,1ff (Jesus, der Bewährte) 2. Mt 5,1ff (Jesus, der Lehrer) 3. Mt 14,22ff (Jesus, der Retter) 4. Mt 15,29ff (Jesus, der Heiland) 5. Mt 17,1ff (Jesus, der Sohn Gottes) 6. Mt 28,16ff (Jesus, der Herr).

Wir kommen zu zwei bekannten Sabbattexten, die den letzten Sabbat mit dem Heil der Christusgläubigen gleichsetzen, das sie in
ihrem Tod bei Gott erlangen werden.

Hebr 3,7 - 4,11, formal eine midraschartige Auslegung von Ps
95,7-11 und Gen 2,2, führt zwei alttestamentliche Linien zusammen: die heilsgeschichtliche der "m^{e}nūḥā"/"katapausis" (Ps 95)
und die des Schöpfungssabbat Gottes, der am siebten Tag "ruhte
von allen Werken"(Gen 2,1-4).
O.Hofius hat in seiner sorgfältigen und überzeugenden Studie
"Katapausis.Die Vorstellung vom endzeitlichen Ruheort im Hebräer-
brief" nachgewiesen, daß der zentrale Begriff "katapausis" dem
biblisch-hebräischen "m^{e}nūḥā" entspricht und nicht allgemein
'Ruhe' sondern eine lokale Größe, den 'Ruheort' meint, und zwar
gemäß einer verbreiteten jüdisch-apokalyptischen Anschauung den
endzeitlichen (und präexistenten) 'Ruheort' in der Himmelswelt,
das Allerheiligste im himmlischen Heiligtum (passim)[1].
Parallel zu V.6a, wonach noch zu erwarten steht, daß einige in
diesen himmlischen 'Ruheort' eingehen werden, verläuft die Aussage V.9: "Also steht noch ein 'Sabbatismos' für das Volk Gottes
zu erwarten."
Auch die Bedeutung dieses zweiten wichtigen Terminus in Hebr
3,7-4,11 hat O.Hofius präzise bestimmt: "sabbatismos", im NT
sonst nicht belegt, meint nicht wie "sabbaton" allgemein

---

1) Die Hofius-Untersuchung zielt vor allem gegen die gnostische
   Interpretation der "katapausis" und überhaupt des Hebräerbriefes durch E.Käsemann.

den Sabbat, sondern exakt die Sabbatfeier, zu der wesentlich
die Anbetung und der Lobpreis Gottes gehört[1] (S.1o6-115).
V.6a und V.9, die beiden Hauptthesen, sind nicht synonym, sondern ergänzen sich.
Hofius faßt zusammen: "Wer in Gottes 'Ruhestätte' eingegangen
ist, der findet dort die Ruhe, die erforderlich ist, um eine
Sabbatfeier des Lobes und der Anbetung Gottes halten zu können. Es geht dem Verfasser des Hebräerbriefes also keineswegs
um ein 'quietistisches Ideal'...Was der auctor ad Hebraeos
vielmehr erwartet, ist die ewige Sabbatfeier der Heilszeit.
So wie im Tempel zu Jerusalem der Sabbat festlich begangen
wurde, so wird das hohepriesterliche Gottesvolk im Allerheilig-
sten des endzeitlichen Heiligtums den ewigen Sabbat feiern in
nie endendem Lobpreis Gottes und in der Anbetung vor seinem
Thron." (S.11o)
Nun ist freilich der Sabbat-Gedanke in Hebr 3,7 - 4,11 in
einer durchaus problematischen Weise verändert: Dieser Sabbat
ist nicht mehr wie ursprünglich Geschenk für jedermann einschließlich Kreatur 'zur gegebenen Zeit', sondern Lohn für die
Gehorsamen, die den Glauben recht bewahren. Hebr 3,7 - 4,11
bindet also das (ewige) Sabbat-Erlebnis an die wesentliche
Bedingung des Gehorsams und Glaubens; die bloße Bedürftigkeit
und Sehnsucht der Mühseligen und Beladenen als solche stellt
keine ausreichende Voraussetzung dar.

---

1) Vgl. Jub 5o,9; 2 Makk 8,27; äth Hen 41,7; 63,5f und das auf
   S. 37ff Gesagte.

Auch die Seligpreisung Offb 14,13 spricht den letzten Sabbat
nur denen zu, die "im Herrn - von nun an - sterben", denn "sie
sollen ausruhen von ihren Mühen. Denn ihre Werke folgen ihnen
nach." Prophetisch apokalyptischer Christusverkündigung dient also der Sabbat als Symbol individuellen Heils, das mit dem Tode
beginnt, vorausgesetzt man hat in der Verfolgungssituation stand-
haft ausgeharrt sowie an den Geboten und der Glaubenstreue zu
Jesus festgehalten (vgl. die negative Möglichkeit Offb 14,11).
Die Seligpreisung zielt auf die Märtyrer, welchen die noch aus-
stehende letzte Notzeit erspart bleibt, weil sie sterbend im
Herrn geborgen sind. Das "Nachfolgen der Werke" besagt nach jü-
disch-apokalyptischer Auffassung (4Esr 7,35; vgl. auch 1Tim 5,
24), daß die Taten der Menschen vor Gottes Gericht als Zeugen
auftreten, so daß ihnen danach das Urteil gesprochen wird.

Angemerkt sei hier eine alternative Interpretationsmöglich-
keit des Spruches, den man vom Sabbat-Gedanken her syntak-
tisch auch anders verstehen könnte:
Selig die Toten, die ja in den Bereich des Herrn
                                 hineinsterben.
Von da ab, jawohl, sagt der Geist, werden sie von ihren
                                 Mühen ausruhen.
Ihre Werke gehen nämlich mit ihnen [und zwar Werke wie
die Schöpfungswerke. Sie sind und bleiben im Ewigen
Sabbat Gegenstand der frohen Betrachtung, wie Gott
am Schöpfungssabbat sein vollendetes Werk in den
Blick bekam]
Gestützt wird diese Interpretation von Aboth 6,9, wonach
"gute Werke" und Torakenntnis in der zukünftigen Welt den
Menschen "unterhalten" (Piel "śiḥ"):
In der Abschiedsstunde des Menschen begleiten ihn weder
Silber noch Gold noch Edelsteine und Perlen, sondern nur
die Torakenntnis und die guten Werke, so heißt es: Wenn
du dahinschreitest, geleitet sie dich, wenn du dich niederlegst, behütet sie dich, erwachst du, unterhält sie
dich. Wenn du dahinschreitest, geleitet sie dich in dieser Welt, wenn du dich niederlegst, behütet sie dich im
Grabe, erwachst du, unterhält sie dich in der zukünftigen
Welt.
Es erscheint denkbar, daß in Offb 14,13 ein ursprünglich
einmal selbständiger Makarismus mit der sich von Aboth 6,9
erschließenden Bedeutung eingefügt wurde; freilich hätte er
diese Bedeutung im jetzigen Textzusammenhang verloren.

Gering schätzt offenbar der Verfasser des Kolosserbriefes den
Sabbat ein. Er stärkt seiner Gemeinde den Rücken, wo sie u.a.

84

wegen ihrer mangelnden Sabbat-Observanz angefeindet wird: "Darum
soll euch niemand richten in Sachen Essen und Trinken oder wegen
eines Festes, wegen Neumond- oder Sabbattage, denn das alles sind
doch nur Schatten der zukünftigen Dinge, ihre Wirklichkeit selbst
dagegen ist Christus." (Kol 2,16f) Die Gegner des Apostels for-
dern äußerliche Dinge, offensichtlich die Einhaltung von Riten,
Speisevorschriften und Festzeiten. In des Apostels Mahnung hat
der Sabbat die von Jesus her bekannte hohe Bedeutung eines vorläufigen Heilstages mit Hinweischarakter auf das allumfassende
letzte Heil verloren. Aber noch in der Abwertung, die der Apostel
mit dem griechischen Philosophem "Schatten des Künftigen" vollzieht, verrät sich ein Zusammenhang zwischen Ewigkeit und kon-
kretem Sabbattag, wenn nun auch der Abstand und die qualitative
Verschiedenheit beider Größen hervorgehoben erscheint.
Der Sabbat als "Schatten" bloß künftigen Heils - mindestens hilft
uns diese Wendung des Kolosserbriefs, die heutige Sonntagsreali-
tät angemessen zu beschreiben. Sie wird dem faktischen derzeitigen
Sonntagsverhalten der meisten Christen gewiß gerechter als der
hohe Sinn, den Jesus dem Sabbattag beigelegt hat. Um im Bild zu
bleiben: für Jesus war jeder Sabbat strahlender Vor-Schein des
Reiches Gottes, während die heutigen Sonntage, von unserer Habe
und unserer Mache vielfach überdeckt, nur noch eine undeutliche
und schattenhafte Rest-Erinnerung an das Heil bewahrt haben.

V   AUSBLICK

So wenig wir heute einen Sabbat Jesu nachvollziehen können mit
seiner totalen Wende vom todverfallenen zum geheilten Leben, so
sehr muß er uns Wegweiser in die richtige Richtung sein, dorthin,
wo der Sabbat uns Teile verlorenen Heils zurückbringt und zukünf-
tiges vor-springen läßt.

Jesu Sabbat-Verhalten ist geprägt vom Willen zum ursprünglichen
Sinn des Sabbat als Geschenk Gottes an den Menschen und vom
Ernstnehmen der Sehnsucht des leidenden Menschen, die jeweils
ausreichend anzeigt, wie sich sabbatlicher Schalom ereignen
könnte.

Als Gut-Tag hilft der Sabbat dem mühseligen Menschen nicht nur
zu einem Atemschöpfen und Wohlbefinden, sondern entnimmt ihn für
eine Weile der Welt der Mühsal und Vergänglichkeit und dem reißen-
den Strom der Zeit, um ihn in einen besonderen Raum zu versetzen,
wie er dem kommenden Reich Gottes nicht unähnlich ist.

Davon ausgehend, stellen wir schwerwiegende Einbußen der Sonntage
heute fest, wie sie von der Mehrzahl der Menschen unserer Gesellschaft 'begangen' werden. Die folgenden Worte von Rupert Schütz-
bach bringen die Entartung unseres Sonntags gut zum Ausdruck:

> Sonntag
> Das ist der Tag des langen Schlafens.
> Das ist der Tag des fetten Bratens.
> Das ist der Tag der Schwarzarbeit.
> Das ist der Tag der Autos und vielen Kilometer.
> Das ist der Tag der Kleider und Arenen,
> Der Tag der Bierleichen,
> Der Tag der Strohwitwen.
> Früher war es einmal der Tag des HERRN.

Einige Gründe des Sabbatverlustes liegen auf der gesellschaftli-
chen Ebene: Die früher vom Staat geleistete Kontrolle und Sicherung des äußeren Rahmens des Sonntags entfällt heute. Noch 1753
bestimmte Maria Theresia, daß niemand "im ganzen Land unter
schwerer Bestrafung sich unterfange, an Sonn- und Feyertägen so-
lang der Gottesdienst währet und bis solcher nicht gänzlich

86

vollendet ist, mithin bis um 12 Uhr Mittags Handel und Wandel zu
treiben"[1]. Heute bleibt den Religionsgemeinschaften der Appell an
das Gewissen und die persönliche Verantwortung.
Die moderne Wirtschafts- und Arbeitswelt erfordert, daß viele
Arbeitsprozesse auch sonntags nicht unterbrochen werden, z.B.
in öffentlichen Diensten und bestimmten chemischen Betrieben; und
in der Landwirtschaft gibt es den 'Wochenendbauern'.

> Ein anderes ist die notvolle Spannung, die sich aus der Struk-
> tur des christlichen Glaubens zwangsläufig ergibt: Das Sabbat-
> Prinzip gerät in Konflikt mit einem anderen, gegenpoligen
> Prinzip: dem Diakonischen Prinzip (vgl. Mk 1o,45). Die keinen
> Aufschub duldende Liebe zu dem, der meiner Hilfe bedarf (vgl.
> Lk 1o,3o-37), kann im Einzelfall Sabbat-Verzicht abverlangen,
> doch nur so. Im übrigen begrenzt der Sabbat als kategorisches
> Gebot gerade auch - barmherzig - den diakonischen Einsatz des
> Christen. Aufgelöst sehen wir die Spannung zwischen Sabbat
> und Diakonie freilich nur im Messias Jesus, dessen 'Heil am
> Sabbat' nicht mehr im Begriff der Mühe und Arbeit gefaßt wer-
> den kann, während alle, gerade auch die private Diakonie, et-
> wa ein Krankenbesuch, die Pflege eines schwerkranken Angehö-
> rigen, auch etwas Mühevolles ist.

Ein verwirrendes Konsumangebot: Veranstaltungen und Feste der
Vereine, Bücher, Zeitschriften, Fernsehstücke - seit neuestem
durch das Video-System beliebig wiederholbar, bald womöglich
noch durch Privatfernsehprogramme vermehrt -, Freizeit-Spiele,
Sport, Trimm-dich-Aktionen, Volkswandern, Stereomusik am laufen-
den Band, dazuhin noch die effektive Idee des 'lebenslangen Ler-
nens' verunmöglichen häufig die Sonntagsruhe und feierliche Ge-
stimmtheit. Das Menschen-verbindende und zur-Ruhe-bringende
Sitzen unter der Dorflinde ist oft einem gehetzten Von-Unterhal-
tung-zu-Unterhaltung-Jagen gewichen.

> Tragischerweise sind wir uns gar nicht der Tragweite
> dessen, was wir tun, bewußt, wenn wir uns von den (zu)
> viel versprechenden 'Reizen' ständig reizen lassen und da-
> durch die Sabbat-Ruhe- und Feier permanent überspielen. Ohne
> daß wir es gleich merken, geraten wir in eine Lebenshaltung
> der chronischen Unruhe, aus der es dann schier kein Entrinnen
> mehr gibt. Ein erschreckendes und warnendes Bild einer Sabbat-
> und-Ruhe-losen Existenz zeichnet Dtn 28,65-67: " Und wirst...
> du keine Ruhe noch Rast für deinen Fuß finden, sondern Jahwe

---

1) Zitat nach J.Schasching, Was wurde aus dem Tag des Herrn, in:
   Entschluß 1979, Nr. 1

wird dir dort ein zitterndes Herz, ein schmachtendes Auge und
eine verzagte Seele geben. Dein Leben wird in Gefahr schweben,
daß du Tag und Nacht zitterst und deines Lebens nicht sicher
bist. Des Morgens sagst du: Wäre es doch Abend! und des
Abends: Wäre es doch Morgen! Wegen der Angst in deinem Herzen
und wegen dessen, was deine Augen ansehen müssen."
Erstaunlich, daß das AT hier schon den nervösen, ruhelosen
Menschen als den 'verfluchten' in den Blick bekommt, obwohl
es damals das Problem der Reizüberflutung höchstens in An-
sätzen gegeben haben kann[1], und daß es den Ruhelosen als das
Gegenstück des Menschen sieht, der die Sabbat-Ruhe ("m^{e}nūḥā")
hat.

Auch in der Freizeit stehen Menschen unter zunehmendem Leistungs-

druck, eine Realität , die schon das beliebte Wort 'Freizeit-

beschäftigung' andeutet. Bezeichnend wohl auch, daß die meisten

den siebten Tag als freien Tag im Sinne einer Zeit, über die sie

frei verfügen können, und nicht als 'Tag des Herrn' empfinden

und erleben.

Die Tatsache, daß vielen arbeitenden Menschen heute ein ver-
längertes Wochenende von zwei Tagen gewährt wird, hat diesen
Trend eher noch verstärkt. Der (scheinbare) 5+2-Takt des Lebens fördert den Sabbat nicht; denn mit der Erweiterung der
Freizeit über einen Tag hinaus wird zugleich die profilierte
Zeit eingeebnet; die freien Tage gleichen den Arbeitstagen;
das Gipfelerlebnis des einen freien Tages in der Woche entfällt.(Wie sehr freuen wir uns eigentlich noch auf den Sonntag?)

Durch Vereine, Clubs und Institutionen (dazu gehören auch in in-

zwischen bedenklichem Maße die Kirchen und Kirchengemeinden)

wird der Sonntag für viele Menschen immer mehr durchorganisiert.

Sie planen stellvertretend und schreiben auf eine zwar sanfte,

aber über das Unbewußte wirksame Art vor, wie ein vergnüglicher

Sonntag zu verlaufen habe. Die Phantasie, Ideen und Eigenini-

tiativen des Einzelnen und der Familien werden nicht mehr im

gleichen Maße herausgefordert wie früher. Absichtsloses Da-

Sein verschwindet unter dem Druck von Programmen und Termin-

kalendern. Vor allem kommt der Einzelne nicht mehr recht dazu,

die ihm eigenen Gaben herauszufinden, um sie am Sonntag konkret

zu gestalten. Am Sonntag 'macht man' statt 'mache ich' oder

'machen wir'. Es bleibt die Chance ungenutzt, daß einer am

Sonntag so lebt, wie es ihm heilsam ist. Genau das wäre ein

---

1) Ansonsten geschieht die Sabbat-Wohltat in den biblischen
   Texten an belasteten Menschen.

Christus-gemäßerer Sonntag: daß wir wieder lernten, selbst-
kritisch, eigene Erfahrungen verwertend, zu entdecken, was das
Gute für uns ist, was allemal uns an Leib und Seele gesund erhalten hat.

Bei der Erkenntnis und Analyse des Sabbat- oder Sonntagsverlusts
in der westlichen Gesellschaft bleiben nicht einmal die Soziologen
stehen. J.Schasching weist dem Sonntag heute, dessen Zerfall in
vieler Hinsicht er nicht übersieht, die Bedeutung einer grünen
Oase in der Versteppung des Alltags zu. Vor allem die rhythmische
Wiederholung des Freiheitserlebnisses in einer genormten, hoch-
zivilisierten Gesellschaft gehöre zu den wenigen Werten, die Halt
geben. "Der Sonntag ist nicht ein Fremdkörper in der modernen Gesellschaft, der hoffnungslos überholt ist und damit abgeschrieben
werden kann. Der Sonntag hat rein innergesellschaftlich eine un-
ablösbare, freiheitsstiftende, gemeinschaftsstiftende und wert-
stiftende Aufgabe."[1] Nehmen wir noch die historische Erfahrung
Israels hinzu, dann wissen wir unseren Versuch, den biblischen
Sabbat wiederzugewinnen, voll gerechtfertigt: "Ohne den Sabbat,
seine Feier in der Familie und seinen Gottesdienst in der Synagoge, wäre das Judentum wahrscheinlich zerflossen, hätte es sich in
seinen verschiedenen Exilen, in den mannigfachen Umwelten allmäh-
lich aufgelöst."[2] Ich halte es nicht für ausgeschlossen, daß der
zurückgewonnene Sonntag helfen könnte, unser vielfach gestreßtes
Leben in einer überzivilisierten Leistungsgesellschaft auf einer
bedrohten Erde zu retten.

Ein Sonntag, wie er dem biblischen Sabbat entsprechen würde,
läßt sich nicht im Detail beschreiben, da jeder seinen Sonntag
finden muß. Nur seelische Strukturen können aufgezeigt werden,
wie wir das in den verschiedenen Kapiteln des Buches versucht haben und hier noch einmal zusammenfassen.
1. Grunderfahrung des Sabbat ist und bleibt das Zur-Ruhe-Kommen
von Leib und Seele, was Entlastung und Befreiung, Atemschöpfen
und Erholung einschließt. Zur Sabbatruhe werden in erster Linie

---

1) J.Schasching, a.a.O.   2) E.L.Ehrlich, S.17

'ruhige' Lebensvollzüge helfen wie Ausschlafen, Spazierengehen, langgezogenes Kaffeetrinken, das Gespräch ohne jeden Zeitdruck, Hören von Musik in Adagio und Andante, das Lesen ohne Druck eines zu leistenden Pensums, das Anschauen eines episch breiten Films, der einfach 'schöne' Gottesdienst, das Spiel mit Kindern, Beieinandersein und Sichliebkosen. In alledem steckt eine Weise zu sein, die man das 'ruhige Verweilen' nennen und mit einem trefflichen Bild von Ps 131,2 umschreiben könnte:

> Ja, meine Seele habe ich beruhigt und gestillt,
> wie ein entwöhntes Kind an der Mutter ruht,
> so ist entwöhnt meine Seele in mir.

Aber auch mit einem Tun, ja mit anstrengendem Tun mag die Sonntagsruhe verbunden sein. Z.B. wissen wir, daß Gartenarbeit eines begeisterten Hobbygärtners oder eine Gipfelbesteigung unter Umständen die Seele zur Ruhe, zur völligen Entspannung führen kann, ebenso Waldlaufen, entfesseltes Fußballspielen etc. Hingabe an und völlige Konzentration auf eine Leistung des Leibes entlastet die Seele, ja entleert sie von angestauten negativen Gefühlen wie Wut, Haß und fruchtlosen Aggressionen. Ähnlich therapeutisch auf die Seele wirkt aus dem gleichen Grunde geistige und künstlerische Arbeit, sofern sie mit einem hohen Maß an Inter-esse vollzogen wird. Dabei mag geistige Arbeit in etwas Einfachem wie dem Gestalten eines Albums bestehen, wenn sie nur höchstpersönlichen Charakter aufweist, d.h. wenn ich meine ganze Person hinein gebe.

2. Aus der Ruhe fließt wie von selbst Meditation (Be-Sinn-en), Kontemplation (Be-Schauen), Kommunikation und Kreationen, nämlich unsere schöpferischen Reflexe auf die herrliche Schöpfung, wie sie uns vorgegeben ist.

Meditation (vgl. besonders Ps 8): Wir kommen auf der Insel des Sonntags, abgetrennt vom Festland der tausend Pflichten und Möglichkeiten, zur Be-Sinn-ung. Wir überprüfen unsere Lebenshaltung und Lebensführung gründlich und ordnen - in Gedanken vorweg - unser Leben neu; wir gehen mit neuen oder deutlich nachgezogenen Leitlinien und Orientierungsmarken in die folgende Woche.

Als in Camp David die Verhandlungen zwischen Begin und Sadat an einem sehr schwierigen Punkt waren, kam auch noch ein Sabbat dazwischen, an dem Begin Konferenzarbeit verweigerte. Aber am ersten Tag nach dem Sabbat konnten die Verhandlungen erfolgreich abgeschlossen werden.

Zur Meditation als einem umfassenden Vorgang der Be-Sinn-ung gehört nach Auskunft der Bibel (Mk 1,21.39; 3,1; Lk 4,16ff; Apg 13,14ff; 15,21; 16,13; 17,2; 18,4) als etwas Selbstverständliches der Gottesdienst, wobei schon die Äußerlichkeiten der besonderen Stunde an einem besonderen Ort und der 'Sammlung' eine erhebliche Hilfe zur Ruhe[1] und zur Be-Sinn-ung bedeuten. Schriftlesung und Auslegung, Gebet und Lied klären das Trübe der Seele, führen zur heilsamen Auseinandersetzung mit sich selbst und bewirken, wenn Sinn gefunden oder bekräftigt wurde, seelische Stärkung.

Kontemplation: Die unmittelbare Wahrnehmung der von Gott vorgegebenen Schöpfung vollzieht sich überwiegend als 'Betrachtung' (vgl. Ps 1o4), aber auch die anderen Sinne erweisen sich als tauglich: Hören, Schmecken, Riechen, (mit der Haut)Fühlen. Dem kontemplativen Moment des Lebens entgegen wirkt heute die Konsummentalität, die 'Verkopfung' unseres Lebens und die von uns selbst angesammelte und aufgebaute Habe, die sich ablenkend zwischen die ursprüngliche Schöpfung und unsere Sinne schiebt. Es gilt, die künstliche Welt und das Trügerische ihrer Glücksverheißungen zu durchschauen und das Glück unmittelbarer Sinneswahrnehmungen und -empfindungen sich langsam wieder zu erschließen, hautnaher am Pulsschlag der Schöpfung und im gleichen Maße wieder näher zu Gott zu leben. Unsere Augen sollen Gottes Herrlichkeit wieder schauen in einer Blume, einem Wald, einem menschlichen Gesicht, einer schönen Gestalt. Die Ohren sollen sie erlauschen in einem zauberhaften Lied, im Vernehmen eines freundlichen Wortes, das man uns zuraunt. Der Gaumen schmecke sie im bewußt gekauten kräftigen Schwarzbrot; die Nase wittere sie in der Apfelbaumblüte nach Mairegen. Leib und Haut fühlen sie im Spielen eines Balles, in tänzerischer Bewegung, in einem sportlichen Akt, im Streicheln eines Menschen oder einer Katze.

Das Glück sabbatlicher Kontemplation kann mit einem Wort als 'Er-leben' beschrieben werden.

---

1) Bemerkenswert, was wir bei Reiner Kunze, Die wunderbaren Jahre, S.76, lesen: "In der Kirche müssen sie nichts sagen, was sie nicht denken...Hier ist ein Ruhepunkt der Woche."

Kommunikation: Wer als gehetzter Mensch das Wohltuende, ja Heilsame einer Stunde erlebt hat, die wir einem nicht-programmierten Gespräch mit einem Freunde weihen, weiß um die ruhestiftende Funktion des Sich-aus-Sprechens und Miteinandersprechens. Wenigstens am Sonntag müßte Raum dafür ausgespart bleiben, wenn schon Berufsstreß und Konsumsucht werktags die Zeit des Miteinandersprechens gefahrvoll einengen. Das Miteinandersprechen und -erleben umfaßt zunächst Familie und Freunde, dann aber auch Menschen aus anderen Lebens'welten', wie ja am altbundlichen Sabbat bereits Herren, Knechte und Tiere gleichermaßen teilhaben. Insofern sehe ich im Sabbat ein klassenüberwindendes Moment.

Kreationen: Der Sabbat ist, wie ausgeführt, in besonderer Weise der Zeitraum, in dem sich die kreativen Fähigkeiten des Menschen, Ebenbild Gottes, entfalten wollen. Das Musische im weitesten Sinne meldet sich, größere und kleinere Künste werden hervorgelockt und fließen, wenn nicht gehindert, unmittelbar aus der Kontemplatio.

3. In der periodisch wiederkehrenden Enthaltung von der mühseligen Werktagsarbeit gewinnen wir Macht über die Zeit, halten sie in gewisser Weise an, entrinnen jedem Zwang eines Plansolls, gehören uns selbst und gehören Gott. Der Sabbat ist eine Hilfe, ganz 'da' zu sein, hingegeben an das, was wir lieben, losgelöst von belastender Vergangenheit und schwarzwolkiger Zukunft einen heilen Tag zu erleben, Vor-Tag des Ewigen Sabbat. Obwohl wir in diesen besten Sabbatvollzügen keinen Zweck außerhalb des Sabbat ansteuern, kein Morgen oder Übermorgen vorbereiten und absichtslos einfach das Leben feiern, tanken wir gerade so die Wärmeenergie, die uns später im kälteren Alltag durchbringen wird.

Die Chance eines erneuerten Sabbat in unserem Leben fassen wir zusammen in ein weisheitsvolles Wort von Peter Rossegger:
> Gib der Seele einen Sonntag
> und dem Sonntag eine Seele.

L I T E R A T U R

Andreasen, NE, The Old Testament Sabbath, Dissertation Abstracts
        International 32 (1971/72) 2781 A

Betz, O./ Grimm, W., Wesen und Wirklichkeit der Wunder Jesu,
        Frankfurt/Bern 1977

Boecker, H.J., Du sollst dem Ochsen, der da drischt, das Maul
        nicht verbinden, in: Festschrift für Friedrich Lang,
        hrg. von O.Bayer/G.U.Wanzeck, Tübingen 1978, S.72-
        89

Bultmann, R., Theologie des Neuen Testaments, [6]1968

Dietzfelbinger, Ch., Vom Sinn der Sabbatheilungen Jesu, in: Evan-
        gelische Theologie 1978, S.281-297

Ehrlich, E.L., Die zehn Gebote, in: Israel hat dennoch Gott zum
        Trost, Festschrift für Schalom Ben Chorin, hrg.
        von G.Müller, Trier 1978, S.11ff

Fromm, E., Haben oder Sein, deutsche Ausgabe, Stuttgart 1976

Gese, H., Vom Sinai zum Zion, München 1974

Gölz, F., Vom biblischen Sinn des Sabbat, in: Theologische Bei-
        träge 1978, S.243ff

Grimm, W., Weil Ich dich liebe. Die Verkündigung Jesu und Deute-
        rojesaja, Frankfurt/Bern 1976

Grundmann, W., Das Evangelium nach Markus, Theol.Handkommentar
        zum NT, Berlin o.J.

_____, Das Evangelium nach Matthäus, Theol. Handkommen-
        tar zum NT, Berlin [3]1972

Hofius, O., Katapausis. Die Vorstellung vom endzeitlichen Ruhe-
        ort im Hebräerbrief, Tübingen 1970

Ja zu jedem Tag, Biblische Texte, Gebete und Betrachtungen, hrg.
        von J.Feige/R.Spennhoff, Stuttgart/Gladbeck 1977

Jenni, E./Westermann, C., Theologisches Handwörterbuch zum
        Alten Testament I-II (THAT), München 1971

Kautzsch, E., Die Apokryphen und Pseudepigraphen des Alten Testa-
        ments I-II, Tübingen 1900 (Neudruck Hildesheim
        1962)

Kunze, R., Die wunderbaren Jahre, Frankfurt 1976

Lohfink, N., Die Sabbatruhe und die Freizeit, in: Stimmen der
        Zeit 6 (1976) 395-407

Lohse, E., Sabbaton, ThWNT VII (1964) 1-35

Lindsey, R.L., A Hebrew Translation of the Gospel of Mark,
        Jerusalem [2]1973

Moltmann, J., Die ersten Freigelassenen der Schöpfung, München
        [2] 1971

Moltmann, J., Neuer Lebensstil. Schritte zur Gemeinde, München
        1977

Nissen, A., Gott und der Nächste im antiken Judentum, Tübingen
        1974

Noth, M., Das dritte Buch Mose, Leviticus. ATD 6, Göttingen 1962

von Rad, G., Das fünfte Buch Mose, Deuteronomium. ATD 8,
        Göttingen 1964

Rordorf, W., Der Sonntag, Zürich 1962

Schlatter, A., Der Evangelist Matthäus, 1929

Schasching, J., Was wurde aus dem Tag des Herrn, in: Entschluß
        1979, Nr. 1

Schweizer, E., Das Evangelium nach Markus. NTD 1, Göttingen
        1967

Sharvit, B., The Sabbath of the Judean Desert Sect, in: Imma-
        nuel 9 (1979) 42-71

Wolff, H.W., Anthropologie des Alten Testaments, München [3]1977

von Weizsäcker, C.F., Der Garten des Menschlichen. Beiträge
        zur geschichtlichen Anthropologie, München -Wien
        [5]1978

Westerholm, S., Jesus and Scribal Authority, Lund 1978

ARBEITEN ZUM NEUEN TESTAMENT UND JUDENTUM (ANTI)

Herausgegeben von Prof. Dr. Otto Betz

Dringend geboten erscheint *in einer Zeit, die am Sabbatverlust krankt,* die Rückbesinnung auf Sinngehalte des biblischen Sabbat, *"wie es ursprünglich war",* besonders hilfreich die Entdeckung des Sabbatverständnisses Jesu: Jesus hebt, alle Kasuistik zerbrechend, den Sabbat darüber hinaus, Mittel zum humanen Zweck zu sein. Der Sabbat wird Selbst-Zweck, trägt den Sinn in sich. Er promoviert vom Heilsmittel zur Gestalt des Heils, zum Inbegriff des Heils: Das Heil geschieht am Sabbat als Sabbat; Jesu Sabbat-Heilungen in einem "Sabbatjahr" weisen darüber hinaus auf einen letzten Sabbat.

Von daher ergeben sich viele kritische Anfragen an unsere Sonntage *und Impulse zu einer Verhaltensänderung.*

ISBN 978-3-8204-6449-8

9783820464498

Werner Grimm, geboren 1945 in Überlingen, studierte in Tübingen und Heidelberg Theologie. 1973 Promotion in Tübingen (Fach: Neues Testament). 1970-72 wissenschaftliche Arbeit am Institutum Judaicum in Tübingen. Seit 1974 Pfarrer in Bitzfeld und Bretzfeld (Hohenlohekreis). Verheiratet, 2 Kinder.